我的青春我的梦

全国中学生校园美文精品集萃丛书

都道晚凉天气好，有明月、怕登楼

青春隔着人山人海

《中学生博览》杂志社 选编

时代文艺出版社

图书在版编目（CIP）数据

青春隔着人山人海 /《中学生博览》杂志社选编 . —长春：时代文艺出版社，
2018.8（2023.6重印）

（"我的青春我的梦"全国中学生校园美文精品集萃丛书）

ISBN 978-7-5387-5707-1

Ⅰ . ①青… Ⅱ . ①中… Ⅲ . ①作文－中学－选集 Ⅳ . ①H194.5

中国版本图书馆CIP数据核字（2018）第004342号

出 品 人　陈　琛
产品总监　郭力家
责任编辑　王　峰
助理编辑　史　航
装帧设计　李　斌
排版制作　隋淑凤

青春隔着人山人海

《中学生博览》杂志社　选编

出版发行 / 时代文艺出版社

地址 / 长春市福祉大路5788号　龙腾国际大厦A座15层　邮编 / 130118

总编办 / 0431-81629751　发行部 / 0431-81629758

官方微博 / weibo.com / tlapress

印刷 / 北京一鑫印务有限责任公司

开本 / 700mm×980mm　1 / 16　字数 / 153千字　印张 / 11

版次 / 2018年8月第1版　印次 / 2023年6月第5次印刷　定价 / 34.80元

图书如有印装错误　请寄回印厂调换

编 委 会

目　录

001

我在最美的季节里患过伤风

我也曾为你翻山越岭

未递出去的，给 K 的七封信

003

愿你我停留在幸福无忧的时光

在两三年前，某个夜黑风高、伸手不见五指的平常夜晚。某蠢涵通过小博的友情之约，在芸芸众生中找到了我那自带光芒的QQ号，从此便开始了我们那"剪不断理还乱，是离愁，一只傻瓜在心头"的爱恨情仇，走上了这条坑你是爱你、损你是疼你的不归路。那剧情，不像黄金档狗血偶像剧，也不像丰富多彩的新闻联播，而是跟动物世界似的。

愿你我停留在幸福无忧的时光

简小言

在两三年前，某个夜黑风高、伸手不见五指的平常夜晚。某蠢涵通过小博的友情之约，在芸芸众生中找到了我那自带光芒的QQ号，从此便开始了我们那"剪不断理还乱"的爱恨情仇，走上了这条坑你是爱你、损你是疼你的不归路。那剧情，不像黄金档狗血偶像剧，也不像丰富多彩的新闻联播，而是跟动物世界似的。

仍很清楚地记得我们初相识时的情景，礼貌客气到有些做作的我们经常有一搭没一搭地聊着天，有时一条信息我们得等个十天半个月才回复对方。

"谢谢""不客气"之类的礼貌客套话占了我们聊天记录的大半部分。

慢慢地，我们熟识了，而这些礼貌客气也随着时间的推移，伴随着我们的节操，渐渐地被我们抛至九霄云外。

我们认识的时间似乎很长，长到可以用年为单位来计算。又或者过短，短到我们之间发生的一切印象仍如此清晰。

我亲切地唤一声诺小涵，而某蠢涵则贱贱地回我一句小言子后便是各种扯。我们也渐渐地从网络发展为书信、电话联系，甚至约定了未来的某天要一起去看樱花。

每次听着某蠢涵软软的声音我总会莫名地想笑，她噼里啪啦地说了一大堆，我叽叽歪歪地回了一大串。中间夹杂着各种地方口音，虽然都听不大懂，但好在我们的理解能力够强悍。

某蠢涵嘻嘻地说着她喜欢的男生，时不时夹着点小忧伤；我哈哈地说着我在意的某人，时不时带着点小情绪。某蠢涵说她要去演讲好紧张，我为她加油打气；我说我又考砸了好难过，她给我信心勇气；某蠢涵说她急需一件晚礼服，我帮她翻遍淘宝货比三家；我说自己在家好害怕，她说：我一直在……

我喜欢安静又迷糊地听她的絮叨，而她总是边应和边开小差地听着我的牢骚，连我都不相信竟然有人可以静静地听我各种无厘头，而我更不敢相信我竟然可以为别人沉默一个多钟头。好在日后的我们之间有无数个倾听的一个多小时与倾泻般诉说的两小时。

我们文理不同，学校不同，省份不同，但上课时间却是意外地符合。所以，我们之间"培养"感情的时间是在半夜！

我习惯在半夜三更打电话跟诺小涵说"晚安"，提醒她上厕所，让她翻个身继续睡。听着电话里她因被吵醒而愤懑的声音，我在电话这头笑得直不起腰。

而某蠢涵则喜欢在吃夜宵的时候愉快地跟我"分享"，告诉我她现在吃的是烧烤还是麻辣烫，是麦片还是牛奶，我总是静静地看着面前的白开水不说话，天知道这时候我多想弄死这蠢涵。

后来，也许是因为习惯了吧，似乎只要晚上不打扰她一下我便睡不着，似乎只有听着她无奈而痛苦的声音才能换我一夜安眠。然而！这厮竟然关机了！

再后来，她问我怎么不给她打电话了，是不是不爱她了，没有我的骚扰她觉得有些不习惯，我哼哼着不理这家伙，自己关机还怪我咯！

与诺小涵这家伙越熟悉，我发现我们聊天越来越不在同一个频道上。很多时候都是她说她的，我扯我的，最后还都自我感觉良好。

例如，在某次电话聊天中，诺小涵叽叽歪歪地说着些什么，我魂不守舍地听着，然后她惨叫了一声，我着急地问怎么了，某蠢涵慌乱地说她把牛奶倒床上了……时间静止了两秒后，房间里传出了我的爆笑，蠢涵生气地骂我怎么能幸灾乐祸，而我则立马恼她在跟我打电话的时候冲牛奶，话费很贵的亲！

我们就这样一直吵吵闹闹地过了两年，矛盾不断，绝交却从不超过五分钟，但有一次竟严重到了我想抛弃她……

因为一些莫名其妙的原因打算把诺小涵丢弃的那个早上，她不依不饶一遍遍地拨打我的号码，我一遍遍地挂断拒听，她接着疯狂地袭击着我空间留言板，我耐心地一条条删除。诺小涵说：

"小言子，不管怎样我都不会离开你的。"

"小言子别这样，把你弄丢的感觉好糟糕。"

……看着这家伙那么着急，我竟然觉得有些好笑，有些感动……

当然，这场无厘头的闹剧也仅在半个多小时后就结束了。因为一切就如她说的那般，我是个笨蛋，笨蛋如我是舍不得诺小涵蠢涵的。诺小涵相信，不管怎样我会回来的，就像我相信，她会在第一时间发现我的消失，然后找到我，破口大骂后再"依偎"在一起。

我的坏脾气不只在她身上表现得淋漓尽致，我的朋友们也都纷纷中招（在此表示十分抱歉，谢谢你们一直容忍着我，鞠躬敬礼）。

在跟某同学冷战了几天之后，我们都心照不宣傲娇地不肯低头先跟对方说话，而我更脑抽地把对方从好友列表删除了，这个冲动的举动让我在下一秒就后悔了，愣愣地看着好友列表，我第一个想到的，是诺小涵。

诺小涵并没有如我想象中的那般静静地陪着我，听我诉说，却也一点都不出乎我的预料，她又在教训、嫌弃我了：

"笨蛋言子，干吗要这样，你会难过的。"

"快去把她找回来啊笨蛋。"

……

我极听话地找回了那同学的号，极真诚地道歉，那同学吓了一跳问我干吗呢。我笑了笑，没干吗啊，过去的事就让它过去吧。

此时我对诺小涵充满敬意，如果没有她逼着我，恐怕我与那同学就真的老死不相往来了吧。

因为熟悉，我们可以倾诉着青春的秘密；因为陌生，我们从未怕小秘密会被泄露。我们可以诉说着各种不满，互吐心声，哭过笑过吵过感动过，我们信誓旦旦地说着不散，我们拉勾勾说着各种关于未来关于永远的一切。

诺小涵怪我让她从软酥萌妹子成为抠脚糙大汉，我怨她玩坏了我的节操刷新了我的下限。但如果未来的某天，我们真的一起去看海看樱花，我一定会微笑着把她介绍给我的朋友们认识：这是诺小涵，她很蠢，但我很爱她。

愿你我停留在幸福无忧的时光

老家的狗狗小毛

唐坚扬

1

狗狗小毛是独生子，不满半岁，却肥成一团毛茸茸的肉球。它活泼可爱，却也任性顽皮。

我放暑假回家的第一天，它学它的大狗妈妈那样吠了我一嗓子，我看到它胖嘟嘟的样子，忍不住发笑。

它一转身看见母鸡进了屋，就忘了吠我，转而追着赶着逗咬母鸡。母鸡像个假正经的家长，试图摆出一副"老娘没闲工夫跟你闹，快滚一边去"的威严样子，岂料狗狗小毛初生牛犊不怕虎，非但听不进去，反而越玩越带劲儿，一口尾羽、一口翅膀、一口后背地逗弄撕咬着，直把母鸡逼得躲进茶几下。

小毛真像个熊孩子，让鸡头皮发麻，让人捧腹大笑。

2

我的侄子文文刚幼儿园毕业，眼睛大大的，是非分明，透着聪慧。脸蛋粉嘟嘟的能捏出水来，人见人亲。他把他的军棋抱出来说：

"姑姑和我下棋！"话音未落，棋子从怀里掉了几枚到地上，他赶紧蹲下捡。这一蹲，身体倾斜了，地上的还没捡起，怀里的却越掉越多。等文文终于把棋子捡起来，并摆好所有棋子后，才发现少了一颗。扫一眼地下却没有。我很肯定他刚打开盒子的时候棋子是齐的，于是赶紧找。把不可能掉棋子的地方也找了一遍，没有，这就邪门了。我随口说："怕是狗叼走了！"文文转身找狗——果然！棋子就在小毛嘴里，正咬得欢腾呢！

第二天，妈妈说："你们快看看小毛，叼了谁的内裤在咬！"侄女兰兰便追着小毛去抢。哈哈，幸好不是我的。

可惜我高兴得太早了，下午小毛就叼出我的鞋子，兴致盎然地啃着鞋头！见我发现了，还欣喜若狂地来向我邀功！我是不是该赏它一枚"破坏大王"勋章？

3

文文蹲在门口看小毛吃奶，回头冲我嫣然一笑，说："姑姑，小毛这么大了还吃奶！它不知羞！"可是下午小毛不吃奶，文文却把它抱到大狗那儿，硬按着它的头要它吃奶。小毛第一次觉得遇到死变态了。

小毛深知自己集万千宠爱于一身，狗妈妈有的是时间陪它。于是它有事没事就去抓咬狗妈妈，狗妈妈也童心大发，陪它互抓互咬，大小狗一起闹腾，周围弥漫着幸福和快乐的尘土。我饶有兴趣地观赏这狗类的"华山论剑"，觉得妙不可言！

我用白饭给狗狗喂食，狗妈妈让小毛先吃，自己眼巴巴地看着，等小毛吃饱了才去吃。我由衷地对文文说："你看大狗多么疼小狗。狗也有母爱，所以狗是了不起的！"

但很快，我就打自己脸了：晚上吃剩的肉汤，我混在白饭里倒给狗吃，谁知道狗妈妈却抢在前头，自己大口大口吃！当小毛靠近时，狗妈妈发出呜呜呜的警告声，小毛不管，冒死争抢，狗妈妈竟动了真格咬它！

于是小毛只能可怜巴巴地蹲在旁边，眼睁睁看着狗妈妈吃，等狗妈妈终于走开，才凑到食盆去。只是它舔来舔去才发现狗妈妈吃得一干二净，一粒米饭也没给它留下。它绝望了，不知道狗和狗之间的信任到哪儿去了，不知道说好的母爱到哪儿去了。

小毛思考了一会儿人生（狗生），又高兴了起来。狗妈妈不爱它，它还有小主人文文和兰兰啊！于是它卖了一脸好萌蹭到小主人那儿去。于是它被那同样活泼可爱也同样任性顽皮的小主人文文抱了起来——不对，是提了两个爪子凌空吊了起来，吊到半空荡秋千一样，小毛吓得屁滚尿流，汪汪乱叫。小主人文文吓得把手掌一松，它就做了自由落体运动，摔得尘土飞扬。

小毛心想，兰兰是温柔善良的小主人，它就奔兰兰而去。焉知小学五年级的兰兰玩小狗的历史悠久，经验丰富，对如何玩小狗略有研究和心得。兰兰把奶奶的裤带偷了来，用大剪刀剪断，专门等着把它五花大绑来取乐！

小毛悲哀地发现，家里不是来了两个小玩伴，而是来了两个小魔头、死变态。

相比之下，只有我，虽然不亲近它，但是也不折磨它。它似乎明白了我的善良，转而极力讨好我。我每天早上一起床，它就在我脚边蹭、舔、咬，还试图把前爪趴到我身上来，把我逼得跳到矮沙发上不敢下地。我被它的舌头舔到，被它的小尖牙碰到，只有骂娘的份儿。但是骂归骂，我不会打它。

4

小毛跟着主人们去摘花生，到了地里，它自己玩儿。要不就是把地刨个坑，要不就是把摘好的花生从筐里扒出来，撒了一地。它还自顾自可爱着，不知道小主人文文和兰兰脱了鞋子，正拿着绳子铲子向它悄悄走来。五秒钟后，把它撵得满世界狂跑。它依然习惯不了小主人文文动不动就把它拦腰抱起、悬到半空吊腊肉一样吊它。

玩累了，小毛就钻到我的凳子底下，挨着我的脚背睡觉。我摘完一堆花生挪到另一堆时，它也一定要跟着挪。这个时候，它的乖巧惹得我的疼爱泛滥。多年不碰狗的我也忍不住摸摸它的头，它乖巧地闭着眼睛，很享受的样子。

小毛的"死变态"小主人非不让它安心睡觉，吵醒它、追赶它，给它的脖子套上一个失去松紧的粉色发圈，又把奶奶的大衣上的纽扣系上绳子挂到它脖子上，告诉我说，"小姑姑，小毛有狗牌了！"还不够，后腿又拴了一圈绳子，美其名曰"给狗狗做标记"。

小毛对脚上的细绳子并不敏感，却对脖子上的粉色发圈深恶痛绝，各种扒拉，试图把它弄下来。结果都做了无用功，干脆自认倒霉，无可奈何地接受了。

5

邻居们来了，看见小毛都要惊叹一句："哇，这小狗好肥！"

爸爸也为小毛的肥胖表了态："这只小狗是被我们养得这么胖，给多少钱也不卖。"

妈妈却天天哭笑不得地追着小毛骂："老虎背！"也就是说，像你这样的就该被老虎背去吃掉。

至于是怎样的，那真是数不尽的滔天罪行。比如说卖萌过头咬疼了人，比如说家里的洗碗布拿出一块就少一块，比如说鸡槽里的鸡食被舔得一干二净，比如说某只鸡被它撵得满世界跑，比如说要下雨了，人正慌里慌张地收晒在水泥地的花生，七手八脚扫成一堆一堆的小山丘时，小毛就来个越野赛跑，三堆花生的话，就是三点一线，四堆就是四点一线，对准了花生堆奔跑、跳跃、狗不停歇！被它风驰电掣的奔跑带飞的花生撒得满世界都是，我和妈妈差点儿气背过去，它却开足马力来无影去无踪，跑得耳朵都掉队到身后了……

6

吃饭前摆出一道菜，猫不听话想偷吃，被大人及时发现，当即大骂它，小毛和狗妈妈立刻就撵着猫跑，一瞬间响起千军万马追败兵的声音……

吃完饭，我收拾碗筷，小毛就一趟一趟地跟进跟出，小眼神直勾勾的，仿佛在说："本宝宝好饿呜呜呜……"

笼 中 雀

孟卓钺

站在窗台旁给一株开得似雪的茉莉浇水，无意间瞥到一旁闲置的木制鸟笼，初夏的阳光把一根根笼条的影子聚拢在一起，思绪随之飘回到五年前……

大抵是二月，元宵节没过多久的一个黄昏，我回到家还没放下书包，就听到阳台上传来一阵婉转的啁啾。赶紧三步并作两步跑出书房去看，一只小小的鸟儿站在一只木笼中婉转地吟唱。借着夕阳的余晖，我端详着它的模样：淡棕色的羽毛，深黄的鸟喙，身材小巧。它是一只神似麻雀的鸟儿，除了那一双熠熠生辉的琥珀色眸子之外，身上再没有过多的修饰，很平常。不同的是它悠扬的音色，给我带来了从未有过的欣喜。这是我平生拥有的第一只小鸟，无论它长成什么模样，我都喜欢。我将它视为知己，隔着一道木制的笼子给它念书，唱歌，讲学校的趣事儿，甚至对着它倾诉。它时而扇动着灵动的翅膀配合我讲的笑话，时而默默注视着我陪我度过难过的时光。那时的我天真地以为，它是喜欢我的——给它喂食的人是我，给它饮水的人是我，终日照顾它的人是我，陪着它开心快乐难过伤悲的也是我……然而我却忘了，因自私将它禁锢于笼中的人，也是我。

渐渐地，它开始不买我的账，悠扬婉转的叫声越来越少，尽管我讨好地在它面前做鬼脸，笨拙地舞蹈，大声地唱歌，它都毫不理会，甚至装聋作哑地沉默了。好吧，既然不领情，就休怪我了——我又在市场上买了一只肯"领情"的鸟儿，斑斓艳丽的羽毛，精灵古怪的眼神儿，小脸儿上俏皮地点了一颗黑痣，小巧玲珑的身体在笼中轻盈地跳跃着，可爱至极，我把它们俩放在笼子里一并养着。

人类，似乎都是喜新厌旧的。我给新鸟准备了崭新的水盒儿、食盒儿，给它喂新鲜的米粒，和我喝一样的矿泉水。新鸟儿来后，原来的鸟雀不再获得我的专宠，甚至可以说是顺了它的意，它成功得到了我的厌恶。终在一天早上，它被新来的那只盛气凌人的鸟儿追赶之后，不住地向窗外看，挣扎着试图把头伸出笼缝，一遍又一遍，而后竟锲而不舍地向笼子上撞，芥草一般的弱小。

我正因学习的事儿心烦，对这种自杀式的行为表示唾弃："呵，你叫啊，叫了就放你出来！"它好像一怔，听得懂人话一般叫了，却是杜鹃啼血般的悲啼，和初来时判若两样。随后身子一斜，生硬地倒了下去，再也没有起来。

那婉转的啁啾再不会出现，那琥珀色的眸子再也不会熠熠生辉了。我急忙跑过去，像它初来时那样，只不过——一个初见，一个永诀。我接过它还残存着一点儿余温的身体，哭得一塌糊涂。哭声极哀时，反省检讨着自己——我用牢笼来表达我的爱，可它多么渴望笼外的世界啊！

终究明白得太晚，太晚了。它的尸身轻飘飘的，当真如同草芥。原本应在风中自由地歌唱，却被我用笼门锁死了一生。后来，我把另一只鸟儿放了，我知道它对这里并不留恋，它的"领情"是我为了平复自己的心情，勉强附加在它身上的愚蠢情感。阳光换了个角度照进来，木笼上的光影斑驳如织。茉莉的水，不小心浇多了，花瓣飘下来，我用手心接住，正如那时接住笼中鸟雀那轻飘飘的尸体。抬头看着那金色的斜晖被树枝绞碎，正如我手心的花瓣，寂寂无声。

二胖、饭团和肉包

苏　遇

这是个颇为冗长的序

在这个故事开始之前，我想首先介绍一下我的基础写作老师。我猜他每天早上梳头一定拿尺子比画过，中间的那条发际线永远笔直笔直的，于是江湖人称"中分哥"。每次我在座位下和同桌窃窃私语提到"中分……"再看一下他第n+1次操着乡音极重的普通话唾沫横飞时，那个"哥"字便卡在了喉咙处怎么也不愿吐出。很多时候，我正在底下看《三毛全集》看得津津有味时，周围总会冷不丁地爆发出一阵哄笑吓我一跳。我推推旁边人问："小中分说什么好笑的了？"她同样扑闪着无辜的大眼："我也不知道啊。"我感觉我头顶飞过一排乌鸦："那你跟着笑什么啊！"她对着讲台上的人努努嘴："配合他一下呗，不然他一个人傻乐多尴尬。""……"

什么？你以为故事的男主角是小中分？我可以十分肯定地告诉你不是！因为作为故事的女主角外貌协会骨灰级会员的我是怎么也不愿意挑一个形象欠佳的大叔作为男主的，他不过是我写这个故事的起因。

小中分要求我们每节课要有两名同学上讲台"发表演讲"，主题不限，时长不得少于五分钟。轮到我的时候，正好前一天晚上看了部电影叫作《忠犬八公的故事》，深夜寝室里已经响起室友的鼾声，我还沉浸在影片里，一把鼻涕一把泪。第二天早上众人看到"案发现场"——我自床上丢下的一团团卫生纸，宿舍大姐冷声开口："罚做值日一周。"我哀号："大姐，看到我哭得这么惨你难道不应该先安慰安慰我吗？"大姐想了想觉得有些道理便抬手摸了摸我的头："乖~别难过了，擦干眼泪勇敢地站起来！接下来的一周宿舍卫生还得靠你！"我一脸汗颜，宿舍其他的几位幸灾乐祸地笑。

于是我便在全班同学面前说了"八公"的故事，影片并非虚构，而是二战时期发生在日本的一个真实的故事。我讲完后，为了让主题升华一下，我义正词严地呼吁："请大家以后不要吃狗肉了！没有买卖就没有杀害！"接着大义凛然地走回座位，我甚至感觉有点儿悲壮的意味。

就这样，我在课堂上的"演讲"在一片哄笑中惨淡收场。然而，我要说的故事才刚刚开始。

二　　胖

当我爹把这只黄不啦叽灰不溜秋正宗的"中华田园犬"牵到我面前时，我感觉我心里有个角落瞬时坍塌。我梦想着的是这样一幅画面：我身穿白色连衣裙，缓缓蹲下抱起雪白的宠物狗，嘴角漾起宠溺的浅笑……突然画风一转，我就成了站在村头身后跟着一条土狗的村姑。

尽管我觉得这货深深拉低了我的level，但本着人道主义的精神我依然勉为其难地收留了它。还颇为费心地给它起名为"二胖"，中国人五行里缺什么就要在名字里补上，取名如此以企图它可以变得呆萌一点儿。接下来的日子，它果然不负我望，只可惜它只做到了一半——"呆"。

明明是青春年少的时期，它却像只垂暮之"狗"。哪怕是吃饭也不急不慌，距离远了就干脆不挪步了。门前有人走近，它倒是会叫，可边叫还边往后退一直退到卫生间躲起来。我看它不像示威倒有点儿求救的意思，我恨铁不成钢指着它的鼻子："你说你做不成花瓶还不争气点儿！人丑都知道多读书呢！"

"可我怎么没见你读书啊？"不和谐的声音乱入。

"二胖！咬他！"我拍了拍它的头，然而，它半天也没动静。

我弟幸灾乐祸："二胖喜欢的是我，才不会听你奴役！"

我不屑地哼道："大概觉得你长得像它，以为是同类呢！"

事实上，我和我弟无论怎么闹矛盾，二胖都秉持"不干涉家庭内政"的原则一律忽视。如果其中一方拿骨头来贿赂它，它才会象征性地朝对方"汪"一声，如此敷衍可见一斑。然而那句"二胖，咬它！"竟不知不觉成为我们一家子的口头禅。甚至有次我爸在外面受了气，怒气冲冲回到家对着它说："二胖，饿了吗？下午带你出去咬个人！"

我们："……"

二胖眼珠转了转，然后……又往狗窝里缩了缩。

我爸："……"

就这样，它已然成为我们家庭中的一份子了。无论我们谁回来都会招呼："二胖，我回来啦！"走的时候也会习惯性地对着它嘱咐："好好看家！"它从狗窝里探了探头，有气无力地哼一声。有时会把我们的鞋叼到它的"寝宫"，偶尔也会在我难过哭泣时舔我的手，然而在我还来不及感动时就忍不住惊呼："二胖，你能别把哈喇子滴我一手好吗！"

本以为日子就会这样平静地过去，不幸却蹑手蹑脚地悄然而至。二胖在来我家的第二年的年尾，大年三十儿的那天失踪了。此后，一直没回来。爸妈说，二胖又不是什么名贵的品种，估计只能是被人捉去杀掉卖狗肉了。

后来，每次经过菜市场那里有人卖狗肉的，还有的是现杀现卖的，我看着那些关在笼子里的狗眼眶里含着泪眼神里尽是祈求，总是忍不住夺路而逃，跑回家里靠在床边身体一阵战栗，想起二胖或许也是这个结局眼泪便不受控制地奔涌而出。

愿你我停留在幸福无忧的时光

饭　团

二胖走后的第二年，我爹又给我带回一只狗。这次完全符合我当初对于狗狗的想象，全身都是毛茸茸的，它低下头时仿佛一只雪球，抬起头时两只小眼睛炯炯有神。每次只要一听到开门的动静，它就噌地一下从窝里跳出来，四只短腿颠巴颠巴就蹿到你跟前舔你鞋。

与二胖相比，饭团简直活泼得过分。宠物难道不应该都是这样的吗？可能是当初习惯了二胖的存在，对于饭团这一副谄媚的姿态我却很不待见。但可惜的是，饭团并不是只会察言观色的狗。无论我对它怎样冷淡，哪怕是在它舔我鞋的时候把它踢开，它在地上滚了两滚又撒着欢儿地朝我跑过来。每次它这样，我总忍不住联想到坐在龙椅上的皇上，一脚就踹开了旁边的太监，他连滚带爬地跪在皇上面前一边自己掌嘴一边说着"奴才该死奴才该死"的情景。

二胖对什么都表现得特别懒，饭团对什么都表现出极大的热情。绝对是狗界中的"女神经"级别的，对吃更是无比地热衷，有事没事就跑去厨房转，对着我母上大人拼命地摇尾巴，"奴颜媚主"的嘴脸显露无遗。

"人为财死，狗为食亡"，饭团在我家待了还不到半年，不知道吃错了什么东西连续几天蔫蔫的，这对于生性闹腾的饭团来说太不正常了，于是就给它灌盐水想让它把不干净的东西催吐出来，它却只是呕出了水，两只小眼睛失去了往日的光彩，嘴里发出呜咽的声音。那一次，我真的慌了，我害怕它跟二胖一样又要离开我了。我抱着它冲出家门，然而，等我跑到兽医站的时候它已经撑不住了。我忘记了当时是恐慌更多还是难过更多，我眼睁睁地看它死在我怀里，那感觉很无力。

跑来的"肉包"

二胖丢了，饭团死了，我告诉爸爸以后不要再往家里带狗了。狗虽然不是人，但却是有感情的，我再也不想承受一次那种失去的痛了。

可是肉包是自己跑来我家的，我们村有句老话叫作"猫来穷，狗来富"，所以迷信如我爹娘是不可能把这"财运"拒之门外的。就这样，肉包便成了我家自二胖饭团走后的第三只狗。

鉴于前两只的经历，你们大概也以为肉包"不得善终"吧？不知是"幸"还是"不幸"，肉包呢，只在我家待了一个多星期。我原抱着或许它是二胖或者饭团转世投胎来找我们的幻想，在它大鱼大肉了几天之后拍拍屁股就走了时我才醒悟：原不是归人，而是过客。它的主人出了趟远门，它不过是来我家觅食却被我爹娘当成"贵客"。每思及此，心中仿佛有一万只羊驼奔腾而过啊！

碎碎念的后记

很多时候，看到别人家的小狗我就忍不住想起二胖、饭团和肉包，我就会很难过。

很多时候很多事情是说不出对错也辨不出是非的，那么，这种时候，自己的感受比道理更重要吧。

谨以此文纪念那几只可爱又通人性的生灵们。

愿你我停留在幸福无忧的时光

你是我带不走的翅膀

吴一萍

作为后进生进实验班，我太清楚老爹花了多少心思，所以乖乖地忍受着来自学霸们的完虐，重复地把薄荷味的风油精涂满整个太阳穴，简直清凉了我整个高一。

高二开学，我还是坚守在最后一名的位置，把实验班的平均分拉低了2分。班主任咬咬牙给我换到了学霸杜雪旁边，期望我能受到最深层次学霸的熏陶，势如破竹地提高成绩。

虽然我也是女孩子，但是在杜雪面前，我和男生的区别变得很微小。杜雪是省级硬笔书法青年组的金奖获得者，从小跳芭蕾舞，从五岁主持幼儿节目到如今经常去电台做场外主持。

我自然是很欣赏她的，不过她总是冷冷的，下课也不活动，除了去下洗手间，课下时间她都在睡觉。周围都是同学吵闹的声音，她总像个置身事外的人。所以我对她，还有种来自内心的毫无缘由的惧怕。

我搬到杜雪旁边的时候，同学都在唏嘘，大概意思就是班主任怎么能把第一名和倒数第一安排在一起？我头低到了尘埃里，而杜雪……她正在认真地看着英文版的《飘》。

不知道是不是优等生周遭的气场太强大，我上课打瞌睡的时间减少了很多，风油精也沉寂了很长时间，精力集中的幅度也大大提升了。物理的课堂测验，我居然第一次拿了个及格，顿时感觉学习好是可以传染的，然后瞥了一眼周围人的分数，全都是90分以上的，低下头的时候，正好看到了杜雪的试卷，皱巴巴的，好像考得不好，结果……卷头是赫然的99.5分。

杜雪心情不好的原因是在物理课上被揭晓的，原来她解答题少写了个单位，扣了0.5分。我瞥了一眼我自己的试卷，挂在及格线上的分数，突然有种挨了一巴掌的感觉，我的暗自欢喜究竟是用了什么勇气？

下课，我去小卖铺的时候，顺手带了一杯热香芋的奶茶给她，装作很自然地放在她桌上，转过身的时候，还是紧张得手心流汗，这就是学霸的气场啊。

出乎意料，中午放学的时候杜雪递给了我一沓资料，是她整理的物理笔记，我有种受宠若惊的感觉。从那之后我几乎天天能收到第一手学霸私密答题集，如鱼得水的感觉越来越明显。

原来一杯奶茶有这种良效，早知道我就送个奶茶店给杜雪了。为了答谢，我勤勤恳恳地给杜雪买了一个学期的香芋奶茶。期末考结束的中午，我的香芋奶茶被杜学霸退回来了："权陶陶，我真的不喜欢喝香芋味的奶茶，我都喝了一个学期了，能不能买个红豆味的？"我赶紧从失魂落魄里一把夺过奶茶，吓死我了，我以为学霸又要变成冰山了，原来她也是一枚人工小太阳啊。

寒假和杜雪一起在肯德基蹭空调写作业，发现高冷妹子杜学霸，也不是那么有距离感，反而是个性情中人啊，也是天天抱怨作文字数太多编不出来的正常人。经常一起搂脖子、牵手逛街，总有那么一秒，我还以为自己在做梦，然后看看挣扎在高冷和逗趣两边的杜学霸，心里是无限的窃喜。

染指杜学霸之后，我天天跟在杜学霸屁股后面捡学习方法，一个寒假过得不亚于一场捡漏大赛，看书再也不是天书的感觉了，彻底臣服在杜学霸的牛仔裤下了。

放学和杜学霸一起走路回家，抱怨新来的数学老师题海大战出的题太狠，杜学霸把正在看的单词册子卷成一团，敲在我头上说："之前我看过一句话，同意将数学排除在高考里的有百分之七十的人，而高考就是为了过滤掉这百分之七十的人的，懂不懂？"我懂，杜学霸你这是不想让我被淘汰嘛，心疼我还拐弯抹角。

杜学霸依旧叱咤在年级第一的位置上，我也终于爬上了年级百名的尾巴。

高三，我和小雪一起住了学校，鼠目寸光的我，终于真实地见证了学霸的发展史。

五点半，学校还被薄雾包围的时候，小雪已经开始一边刷牙一边刷英语，一只脚还在唤醒睡成猪的我。

六点半的时候，我正在刷牙，还空出一只手梳着鸡窝的头发，而小雪已经戴着耳机听着听力，在操场跑步了。我一口唾沫咽了下去，才发觉，原来真的学霸，不只会学习，还会管理身体。

胸口一阵一阵的牙膏味在翻滚，小雪已经冲过凉在吃早饭了，豆浆油条加鸡蛋，我机械地咀嚼着早饭，明明吃的都一样，这丫头怎么就那么聪明呢？

早读课，我已经昏昏欲睡了。

小雪告诉我："晚上熬夜，白天精神就不够，以后别熬夜了。"

于是我把睡觉时间改成了十点半。

改变作息时间之后，白天我真的就和打了鸡血一样，早上还有精力和小雪并肩跑个步，早读课也有了莫名其妙的原动力，记忆力终于不再和我捉迷藏了，热泪盈眶地捧回了语文单科第一的名头。随着我成绩增长的，还有对小雪如滔滔江水般的感激和崇拜。

和小雪从陌生人变成了朋友，感觉像是电视剧里的逆袭一样，为了和小雪继续做同桌，我努力地多学点儿，这样就可以自己挑座位和小雪保持睦邻友好的关系了。

成绩好的人，注定是要走得更远、飞得更高的，其实我从一开始就知道了。

小雪在高考倒计时八十天的时候，收到了厦门大学的录取通知书。

我一个人单独坐一个位置之后，每天少说了好多话，早上没人再喊我起床，没人陪我跑步，早读课也不会有人给我提问。像是少了一只胳膊，又像是缺了心的一角。

高考三天，像是火力全开的跑车，靠惯性就把我带到了终点。高考答卷上我满满的笔迹告诉我，高中的旅途曾有一个人，风雨相随、舍命相陪，是我腾飞的翅膀，我却没有带走的力量。

愿你我停留在幸福无忧的时光

乌 龟 哲 学

吴一萍

　　继养死了热带的仙人掌、水里的小金鱼以及一只名叫妞妞的兔子以后，我决定收手，不再辣手摧花。同学们也大多都坚持珍爱生命的原则，养个花花草草的都对我退避三舍。我成了人见人厌的生物界传奇。

　　没多久月月提着一只乌龟给我，说是乌龟这东西好养活，耐摔抗冻也环保省钱，有事没事丢个面包屑也可以度过一个寒冬。于是我乐呵呵地开始了养龟之旅，不但把网名改成了"阿逗龟小子"，还没事就在朋友圈晒我家逗逗龟的美照。

　　一来二去大家都知道了我有一只名叫"逗逗"的龟儿子，天天用它调侃我辣手摧花的本事，偶尔走过我面前都会抬手扒拉一下晒太阳的逗逗。逗逗不是缩手缩脚装孙子，就是伸长脖子等着投食。

　　说到投食我就来气，说好的一个面包屑就可以过一个冬天的呢？我天天喂零食给逗逗大爷吃，大概有一周的光景了，逗逗愣是拒绝了所有的零食。在它耷拉着脑袋正要走向灭亡的时候，邻座阿航从饭盆里掏出来一块肥肉，肉飘在逗逗手掌大的家里，阿航笃定逗逗要放下身段大快朵颐。半个小时还没动静，我一巴掌拍在阿航的头上："我家逗逗可高傲着呢，可惜了一杯水，早上从池塘里打的水又得倒掉了。"

　　就在我屁颠儿屁颠儿地拿着矿泉水瓶去学校池塘里打水的工夫，大肥肉已经少了一半，心满意足的逗逗大脑袋就搭在肥肉上，一副悠然自得的样子，先前的半死不活好像只是我的错觉。我愧疚地看着阿航，他已经抽出语文书在背《阿房宫赋》了，咿咿呀呀的样子突然很高大，学霸真的很厉害。我急于投桃报李，奉献了我收藏的零食面包，戳了戳阿航的肩膀，我还没开口，他就已经胸有成竹地说了问题的所在。原来逗逗居然是只巴西龟，顶着外来物种的名头，对肉的渴望已经到了登峰造极的地步，我那包龟食在接下来的日子里，长出了华丽丽的霉斑，我的体重也或多或少地下降了。难怪老娘说养我忒不容易，白吃白喝还有脾气，我现在也算是栽到这只小龟手里了。

养了两个月，逗逗成功地度过了危险期，我也把辣手摧花的名头暂时摘下了。谁知逗逗也开始欺软怕硬了，对我永远是大爷的形象，换水、喂食、晒太阳，稍微不满意就拿着黑黢黢的爪子挠它的"墙壁"。噪声的杀伤力让我心悦诚服地献上了自己的自尊，对逗逗唯首是瞻。

以前养宠物都是藏在宿舍里，经常宿舍的角落里遍布着我各种宠物的便便，逗逗来了以后，这种状况有所好转，最起码我不被宿舍的亲友们嫌弃了，我的白鞋子也可以熬过一周再洗了。逗逗唯一的缺点就是太慢吞吞了，且不说吃饭，单就在桌上散步也可以半天才挪个地方。再讲那个智商，次次放桌上都是自由落体地下来，总是神龙见首不见尾，我几乎天天趴在周围同学的位子下找生龙活虎的它。

有次阿航神秘兮兮地问我："怎么养死仙人掌的？"我的脸立马黑了，有这么问女孩子问题的吗？但毕竟人家有恩于我，我只能用蚊子大的声音回答出事实，是淹死的，我忘记教它游泳了。然后阿航扶了扶眼镜，一言不发地转过头去写理综。呃，我说错了什么？然后从口袋里拿出中午从口粮里节约下来的肉，塞进逗逗的家里。逗逗一反常态，把一身都藏起来了，爪子死死地抱着龟壳，小尾巴都别到了一边。嘿，我有那么吓人吗？

一个寒冬让整个学校的学生一起冻成了汪，我家逗逗天天徜徉在空调的爱抚里，依旧茁壮成长。放寒假回家，我也屁颠儿屁颠儿地带着逗逗奔赴回家的路。在离家很远的地方念书，就会有一种不同寻常的生

023

活体验，那就是无数次地转车。

为了考出优秀的高考成绩，还不被本省的招生计划拦截，我选择了现在这个城市的学校。逗逗是我在这个城市里唯一的亲人，它不会说话，也不懂得幽默，甚至贪吃爱睡，但它很懂我，每次把它放在课桌上的时候，它都要杵在我身边，陪我一起看书一起嘀咕。

回到家没多久，严寒就给我了一个晴天霹雳——逗逗被冻成了一坨冰块！我都快急疯了，平常伶俐的小逗逗好像再也醒不过来了。那一整天我都守在逗逗身边，给它焐热身体，期盼它醒过来。网上乌龟被冰冻的消息不绝如缕，后来有个"用热水唤醒冰冻乌龟"的视频，我立马跑去端了一盆热水，把逗逗放了下去，五分钟、十分钟……逗逗居然动了。

天哪，逗逗，你在热水里游泳的时候，特别像王八汤！逗逗，谢谢你陪着我，还有，逗逗，游泳我没教会你啊，你怎么那么聪明！

红枣姑娘

小六

1

"小莫，我又开始流鼻血了，会不会死？"

"你又偷吃红枣了？我一不管着你，你就这样放肆，自己身体啥样儿不知道吗？"

她几乎要哭出来了。

"你干吗傻站那儿？快帮我啊，我要失血过多死了！"

这才意识到她此刻需要我的帮助。我把纸巾卷好，塞在她手中。

"喏，给你，把你的右手举起来，别放下。"我奔到楼下的小卖部买了一根雪糕。"放在你的鼻子上，给你的血冷却。"

"管用吗？雪糕不吃多浪费！"说着她就要把包装纸拆开了。我看见她像是把一根长长的香烟插在鼻孔里，右手高举得必定酸痛，我侧过脸偷笑，然后把雪糕放在她的鼻尖。

"嘿，问你呢，管用吗？"她似水的眼睛看着我，浓密的睫毛上都氤氲着汗液蒸发的雾气。

"哦，啊？当然管用啊，快拿去！"雪糕有点儿化了。

我接过她手中沾了许多血渍的卫生纸，正要去丢。"我把雪糕吃了，可以吗？"我听见她吞咽的声音。

"知道你喜欢芒果味的，血止住了，你要是不嫌弃自己就吃了吧。"

我拿着雪糕出现的时候，就应该预料到在五分钟之内，就能看见她拿着包装纸递到我面前叫我帮她丢掉。

2

她和一般的女孩子不一样。她说她不喜欢陪妈妈逛街，穿的衣服都很符合她人畜无害的脸庞和怎么吃都不会胖的苗条身材；她不喜欢一些小的玩意儿，任何时间看见她都是清爽干净的样子，她的书桌里只有书，没有书签，所以总叫我帮她记着自己看到哪一页；笔袋里只有笔，没有橡皮，所以每次橡皮都问我借，对我有点儿冷淡，有点儿像老板对小职员，但也偶尔给我带水果犒劳我。总之就是很不一样，让我觉得和她同桌是一件十分美妙的事情。

我们第一次对话是在高中开学第一节语文课上，我讨厌语文课，便趴着睡觉。

"同学，你怎么了？"她用手推了我一下。

我从抽屉里拿出一包纸，然后把脸在手臂上转了一个方向，看看是谁打扰我在语文课上"打坐修行"。她埋着头，头发挂在耳鬓，有些黄，但是很顺，没有分叉。

"给我一张餐巾纸，快！"她尽力压抑自己的声音，不打扰老师讲课。

"哦。"我抽出一张，递给她，我竟然完全没有生气，更多的是好奇。

伸在我眼前的手却沾有鲜血，然后一把夺过了纸。她就用右手，把纸巾卷了卷，又横过来，对折了一下。我惊叹她能用一只手就轻松让软塌塌的纸张变得有形。

"谢谢！"她抬起头转过脸对我说。

"同学，你是抽鼻烟吗？"我忍不住问道，长长的纸条从她的鼻子里伸出来，当时想到很小时学的歇后语猪鼻子里插葱——装象。不过庆幸我没有说，应该会被骂。

"没见过别人流鼻血吗！"她从我手中又抽了一张纸。

"你们两个在干什么呢，我在讲课呢，听讲了吗？"还是被抓住了。"林小莫，你来解释，说说对这句话的理解。'在我的后园，可以看见墙外有两株树，一株是枣树，还有一株也是枣树。'""我，我的理解吗？"我慢吞吞地站起来，一直在睡觉的我甚至都不知道这篇文章是大名鼎鼎的鲁迅先生写的，张口说："是像——我们写作文一样，凑——字数吗？"我只有这个理解。

全班的同学都笑了，我还不知道原因，难道他们写作文都不挤牙膏吗？

"笨啊，是鲁迅的辩证看法，两株树都是枣树，但又不都是枣树。"她念念有词，看着我偷笑。

我就只看着她那根"烟"随着她说话一抖一抖。"老师，她流鼻血了！"好歹把老师的注意力引开。

我的转折让老师愣了一下："那你带她去医务室吧。"

"哦，好的。"

我发现她的头发那么直那么齐地铺在背上，白色的板鞋，浅蓝色的牛仔背带裤，白色的短T恤。

"哎，我不流鼻血了，我们去校医院后面玩吧。"

"哦，不回去吗？"

"你傻啊，这种机会多难得。"

我们就并排走着，看看柳树的叶子上有没有虫子，看看小河里有没有鱼，在杨树的树荫下听着知了唱歌，那个时候非常燥热。当我们回去的时候碰上班主任，诚实的我全部招了。走出办公室的时候，我满心愧疚，她一直笑话我。走进教室的时候同学调侃"凑字数的人"，我尴尬地和大家一起笑，那个答案实在太不走心了，语文老师当时的内心我至今不敢揣测。

3

第二天，她从口袋里掏出一颗大红枣给我。

我立刻说："我妈说，吃多了红枣会上火，然后会流鼻血。你是红枣吃多了吗？"

这时我发现她的书包里竟然藏了一个装着红枣的袋子，已经要见底了。

"原来这样啊，谢谢你，我现在已经没事了。一株是枣树，还有一株也是枣树。就是凑字数哇。"

听她再次调侃我，大概就在那一刻我就觉得她很特别。"以后不要多吃红枣，你的体质应该不适合多吃。"我把红枣塞进嘴里。

"哎呀，不是因为吃红枣啊，我从小就有这个毛病。"她又把一颗枣子塞进我的嘴里。"'一日有三枣，青春永不老'，我奶奶说的。"她冲着我傻笑。

吃了一个学期的大红枣，我倒是觉得自己快要上火了，妈妈说我脸色不像以前那样蜡黄了，开始有血色了。

4

学校的花圃里有种花叫作鸡冠花，叶子的脉络分明，红似血脉喷张，花开酷似鸡冠，艳丽十分。

"你快过来看，学校里竟然有这种花！"我拉着她走到鸡冠花旁边指给她看，"我奶奶告诉我这个可以治流鼻血。"

她将信将疑地看着我，又看那花："这是传说中的鸡冠花吧，我奶奶也说可以治，但是很少见，没想到这里有啊。"

"等到秋天我采些种子，你种到家里吧。"

她拉着我的手说："小莫，对不起，秋天我可能就不在这里上学了。"

"哦——啊？你要转学吗？"我看着她闪烁的眼睛。

她低下头，左手剥着右手的指甲，刘海儿挡住了她长长的睫毛，"我要和爸妈一起生活，户口也转好了，下学期就不在这里上学了。"

我挽起她的手说："你不用道歉啊，和爸妈在一起是一件开心的事情啊。"我强忍住眼泪，拉着她的手绕着操场走圈，"不过，那样我就吃不到你给的红枣了。"

"红枣是爸爸妈妈寄给我的，我和奶奶都吃不完，以后我会寄红枣给你的。"她握紧我的手。

5

夏天如期而至，翠绿的树荫，白色的汽车，和她顺直的长发，组成了那个夏天最难忘的画面。

汽车扬尘里有我一直挥舞着的手和她一遍遍的告别。

我慢慢摇晃着花圃里的鸡冠花，比芝麻粒还小的种子掉在手心里，寻遍了大部分的鸡冠花，收集了一小包鸡冠花的种子，用纸张包好，一路小跑到邮局，在天黑前把它寄了出去。

我刚进家门，听见屋里传来奶奶的声音说："小莫啊，有一个你的快递啊，在客厅茶几上呢。"

我看了一下快递的寄出地，笑了，我们都没有忘记。

"亲爱的红枣姑娘，请允许我这样叫你……"

029

一只叫"赵云"的猫及其他

潘云贵

我去猴硐猫村，刚下火车，就有几只猫在我跟前转悠，慵懒地伸着身子，走起路来都很优雅。角落里也窝着两三只猫，上下瞄了我一眼，又哈了下嘴巴继续睡觉。也有逢人就叫起来的，像小孩子的哭声，似乎在讨东西吃。

我在车站对面汤粉馆里吃矿工米粉的间隙，一波豪雨骤然落下，敲得屋瓦砰砰作响。路上的猫们跟人一样，纷纷躲在屋檐下。它们抖了抖身子，躺在地上，静静的，像在数从屋檐上滑落的雨滴。

当我吃完面撑伞走到附近的煤矿博物园区时，发觉雨水并没有将猫咪们赶跑，雨一小，它们又成群结队从园区的各个角落跳出来。在房外、墙边、树下活动，摆出各种动作。或许是因为没有主人，它们不如家养的猫那么体肥有肉，有几只好瘦，像饿了好几天的流浪汉，打不起精神。

游人过去抚摸，猫咪们都不害怕，还是懒洋洋的样子。若有人手里带着吃的，它们就盯着食物看，凑上来闻一闻，缠着你，在人前做各种表演，伸腿，洗脸，爬起来又扑通躺到地上，摊开肚皮，讨人欢心。

我蹲下来挠挠一只白猫，它很开心地眯着眼睛。我起身要走，它骨碌打个滚儿，躺在我脚边，似有挡住我去路的意思，很淘气，也很机灵。

小时候，家里也养过猫。那时最早起来的人总是母亲。她趁煮稀饭的间隙，给猫咪喂食。父亲是个三国迷，给猫咪取的名字叫"赵云"，希望这小家伙能好好长，英勇又忠诚。

赵云是黄白相间的小猫，被爱猫的母亲喂得圆乎乎的，走起路来，像毛线团滚来滚去，深得家里人喜欢。因为整日将赵云关在家中，它也不觉得自己胖。只是后来等它大了，却见它开始自己瘦下来，饭吃得不多，总喜欢往人身上和家具上蹭，有时抓坏了一些东西，母亲也舍不得打它，只朝它嚷嚷，它好像听懂了，瞬间又变得好乖，下一秒又悄悄溜向阳台。

"是不是病了？"母亲问。

"该放它出去了，毕竟这么大了。"父亲说。

所以赵云的活动范围开始扩大到了院子里，偶尔听到大门外有猫叫，也耐不住寂寞爬墙跳出去。玩得越来越野，有时母亲唤它吃饭也不回。父亲见它不听话，说："再这样下去这家伙迟早要被别人家的母猫勾了魂去！"他便想带赵云去做手术。

那天我和母亲都不在，等回来时只见赵云躺在地上呜呜地哭着，脸上挂着两条泪痕，像要死了一样。

晚上吃饭，母亲责备父亲，嘴边嘟哝一句："这'赵云'是你取的名字，现在却成了太监，你也真能狠下心……"父亲脾气并不温和，吃了些酒，开始火爆起来，跟母亲吵了一架。我夹在他们俩中间扒了一口饭，咽了几口菜，假装吃饱，起身回卧室去了。

等父母亲之间战乱平息，我推开房门想去瞧瞧受伤的赵云，却看到母亲已经蹲在赵云旁边，哭哭啼啼的，像个小姑娘。

猫咪也不叫了，平常会发光的眼睛失去了光芒，有气无力强撑着又闭上，闭上又睁开，撑了一会儿又旋即闭上，好累好累的样子。

母亲跟我说："你爸就是这样的人，做事情从来都不跟人商量，把'赵云'变成这样，刚才我一说他，他就跟我急，他进屋前丢下一句话，说要给'赵云'改名。"

"那叫什么？"我问。

"司马迁……"我妈又少女心哭哭啼啼着。

从赵云到司马迁，只能说父亲太喜欢历史了。

被唤作"司马迁"后，猫咪不知是赌气还是真的没有适应过来，起初一两周，我们叫它，它都跟没有听见一样兀自做着自己的事，不是躺在院子的石板上，就是在屋檐下伸着爪子做洗脸状。它不往外跑了，也不发情了，连半夜碰到耗子竟也不再像从前那样手到擒来，只在一旁干叫着不动手。它的生活过得越来越没有激情。父亲说它越来越没用。

那年冬天，南方极冷，一些地方都下雪了。司马迁得了一场重感冒，从此一蹶不振，流着眼泪和鼻涕，样子丑丑的，越来越憔悴。眼看着它快不行了，一家人都很着急，也像被传染了感冒似的，没有状态，心里想的都是它。带司马迁去村里张兽医那里打针的是我和父亲，母亲连看它打针都不敢，只在家里揪着一颗心等待。

张兽医拿着一根大针筒，往司马迁身上扎了下去，动作异常熟稔，脸上毫无表情。一针下去，司马迁像它"受宫刑"那天一样大声叫起来，这样的叫声在它的生命里不会出现第三次。

回来第二天，司马迁死了。

全家人都哭坏了。父亲还专门跑到张兽医那里理论，说猫如果不打针还不会这么快死掉，针筒里的药一定有问题。张兽医气呼呼地说有没有问题你打一针试试就知道，说完"啪"的一声关上了门。父亲受辱似的涨红了脸，捡起一地石子掷得他们家门窗呼啦直响，还打破了一扇窗玻璃。

从此后，母亲再也没养过猫。

有时在公园里散步，碰到猫咪，我都会停下来观察它们。

它们特别喜欢跟小孩子玩。孩子们会蹲下来跟猫咪打招呼，摸它们的头，挠挠它们下巴。猫咪都很听话，眯着眼睛笑起来。如果孩子们手里有饼干、面包，都会掰开，弄得碎碎的，放在手心递给猫咪。猫咪会先伸出舌头舔一下，觉得合自己胃口，便凑上来小口小口吃着，不咬孩子的手。孩子和猫咪都很快乐。

这种快乐是建立在彼此的天真和信任上。

从猴硐车站离开的时候，我又回过头好好看了一下遍地打滚或慵懒走路的猫咪们，突然羡慕起它们的生活——简单，惬意，闲适。当然，这或许仅仅是我自己的感受，猫咪们可不这么想，因为它们没有人类的思维。

它们在山间奔跑，在林间休憩，饿了，就去捕捉鼠类或者等众人前来投食，一代一代繁衍下去，最后在生命的末尾，永眠于山野之中。很奇怪，谁也无法找到它们的形骸。

它们悄悄来，又悄悄走，如此与这世界告别。

愿你我停留在幸福无忧的时光

我讨厌那个女孩儿

　　年少的爱恋总是那么青涩却煽情，我不止一次地想如果我能更加勇敢一点儿有多好，却又感谢着那些成长，让我们都长成更好的人，更成熟更包容地去面对这个世界，面对错失与泪水，坚定不移。

我讨厌那个女孩儿

归 苏

我不喜欢夏天，却年年回味那个在夏天发生的青涩故事，如果再给我一次机会，我一定不会对一个女孩儿的爱落荒而逃。

三年前的教室走廊外，蝉鸣声终于还是轰轰烈烈地掀起了这个带着香樟树味的盛夏，我刚要抬手抹去额上的汗水，却发现什么时候签字笔的墨水沾到手指上都不曾发觉。经过隔壁的文科班，下意识地监视着那个小小的身影，窃喜间还来不及撒腿就跑，身后就传来了熟悉的脚步声。

没错，我又被跟踪了。

那一个月内，我们上厕所的时间点总是那么巧合，巧合到我开始反省是不是自己的臭脾气曾经得罪过这位小姑娘。她真的是小姑娘，不到一米六的个子，胖嘟嘟的，擦肩而过的时候，扬起的清爽短发只能蹭到我的胸口，我在心里更喜欢叫她矮冬瓜。

但根据我理科生严密的反侦察逻辑思维观察后，我得出了一个更加糟糕的结论，她不是想要把我堵在厕所跳起来揍我一顿，她或许是仰慕我。证据是每次眼神交会时，她躲闪又雀跃的目光，还有那像是被人捏了一把的红耳垂。

我一点也不了解女生，更不能感同身受地去品味这个莽撞女孩儿的酸涩心事，我从来没有见过这么一个女孩儿，不害臊，将喜欢表达得如此炽烈奔放。我害怕这种勇往直前的冲劲，也不知到底如何来化解这场孽缘，我只能忍气吞声般地见着她便绕道而行。

我向周围人打听她的来历，同桌竟然一副你居然不知道她是谁的表情望着我。矮冬瓜是文科班中的佼佼者，写得一手好文章，作文总是被复印分发到各个班级作为参考。我从书桌里找出最近的那团作文纸，展开来第一次细细读了一番，文笔温婉恬静，如果我不认识她，或许会觉得她是一位长发飘飘超尘脱俗的画中女子。

可是她是个矮冬瓜啊，我小声嘟囔着，被同桌用力拱了一下手臂，他眨了眨冒红心的眼睛反问我："难道你不觉得她小小巧巧的很可爱吗？"我用力思索了她白皙的脸蛋和密长的睫毛，刚想点头，但想到上次厕所门口她用力塞进我手中的那张餐巾纸，用力地摇了摇头。即使她能细心到发现我手上的墨水，我还是抗拒她，或许是因为截然不同的属性，她率真勇敢，我别扭沉闷。

我从未接受过告白，也未曾知道一个女子能为爱痴狂成这样。在一个月黑风高的夜晚，刚下晚自习，我便被她堵在了厕所门口。借着微黄的灯光，我看清了她脸上的小雀斑和嗫嚅的嘴唇，她紧紧揽着衣服的下摆，在我转身要逃离的时候，拉住我的袖口大声说出了那句话。

在她看不见的黑影中，我用力地拉住了书包的带子，深吸一口气，然后夺路而逃，身后传来她愤恨跺脚的声音。我像是夹着尾巴的大灰狼，被一只小兔子欺负得说不出话来。我不想伤害一个女孩儿，即使我终于发现了她很可爱。

自此，狭路相逢时，矮冬瓜总是将羞愤藏在眼神里，企图用白眼杀死我，我知道逃跑是很不负责任的行为，但我确实没办法面对听到告白后居然勾起嘴角的自己。我什么时候变得不讨厌她了？我也不知道，我只确认她的率性直白感染着我，我稍不留神，她就能将我拉下那条叫爱河的地域。

我喜欢的是长发飘飘的美人胚子，怎么会对一个矮冬瓜另眼相看呢？我狠狠摇了摇头，却在下一次的作文里找到了那句藏头的话。

孔壹，我恨你。

这个矮冬瓜，居然能在作文里悄无声息地骂我，我开始有点佩服她的才气。她古灵精怪得让人忍俊不禁，我却没办法在我的数学卷子里回击她，偏科的后果就是即使我的数学能考满分而当作范卷，我也不知怎么为她写一首诗，但我最起码还能写一个函数，我将那个心形的函数写在我的名字旁，希望她的数学能争气点儿。

可是毫无动静，她再也没有在走廊上堵过我，也没有在作文里藏话。

原来她喜欢一个人，也只是说说罢了，我的内心充满着挫败感，竟然泛起她为何不能多坚持一会儿这种责怪性的话语。才子多风流，她也不例外，我像是一个被心上人抛弃的多愁善感的少女，看着她小小的背影咬牙切齿。

当我们不再刻意相逢的时候，我终于找到了她身上的不寻常之处。比如在图书馆她总能将自己小巧的身体放在空的书架上，乐悠悠地晃动着两腿，再配上一壶茶，便是清闲的老干部作风。或者是在体育场上，别的姑娘总是轻轻柔柔地打着羽毛球，她却挽起了袖子，用乒乓板与男生大战三百回合。更可怕的是，她要吃两碗饭，每次买饭的时候，餐盘里总是堆得高高的，怪不得她脸上有着婴儿肥，捏一下手感一定很好。

我终于开始做她曾经做过的事情，就是像雷达一样，只要可能，便监视着她的一举一动，不由自主地想要了解关于她的更多，年轻的心跳包裹着炽热的情愫，把我烤得外焦里嫩。

"你是不是喜欢上她了？"在我喋喋不休向同桌讲着她的趣闻时，同桌突然不怀好意地抛出了这个定时炸弹。也对，平日里闷不作声的我一改常态，甚至有点手舞足蹈起来，这点小心思旁人一眼便知。

我的脸上一热，将刚发下来的物理卷子丢给他，瞪了他一眼催促他快做。卷子里传来他胸有成竹的笑声，我将脑袋埋在书堆里，视线望着那个蹦蹦跳跳去洗水果的身影，不知道为什么，也突然笑起来。

我不能坐以待毙，我要主动出击。

同样的地点，只是季节换成了冬天，在冷风里我瑟瑟发抖，将她堵住了。我哆哆嗦嗦地酝酿着措辞，问她夏天的那句话还算不算数，她冷笑着给出了否定答案，让我不必羞辱她，她有自知之明。我问她有没有解出那个函数，她像是被踩住尾巴的猫咪跳起来，指责我羞辱她的智商。她哑着嗓子说知道我想表达的意思是喜欢我的人多了去了，不差她一个。我被她的逻辑惊得目瞪口呆，连连说不是。正要鼓起勇气表达自己心意时，她却被一个前来寻找她的男生拉走，那个高大的男生恶狠狠地盯着我，警告我不要欺负他的美美。

她叫苏美，我却从来没有开口叫过她美美。

从此井水不犯河水，我以为阴差阳错间，我们还是走失了。

高三的日子总是很忙碌，我也渐渐说服自己不再关注她。她长高了也瘦了，头发扎成高高的马尾，笑起来露出两个酒窝，眼睛像是天上闪耀的星。同桌拍了拍我，说你看，她真的长成了漂亮的姑娘啦，我瓮声瓮气地给了个答案。或许这样也不错，没有我的干扰，她照样活得精彩，像是白杨，所有的美好与爱，她都值得，不值得的是我，没有珍惜的也是我。

毕业前夕，我偷偷摸摸打听到了她的高考志愿，虽然与我的志愿山南山北，可我还是愿意继续走在她的身后跟随着她去天涯海角。

拍毕业照的时候，全校人流涌动，那日拉走她的男生摸了摸后脑勺和我道歉，说是为了保护自己的妹妹，所以情急之下，才对我恶语相向。

妹妹与美美，原来竟是这样。

我发疯了似的到处找她，可惜人潮涌动，我感觉不到她。我在她教室的黑板上画出了那个函数，将她的名字写在里面，我想她会懂，可是她再也没有出现过。

高考后我一个人孤零零地拎着箱子去她心仪的大学报到，心中的缺陷再也没有人能填满，只留下遗憾。只是有一天我在食堂吃饭时，面前突然出现了一个巨大的碗，和一张熟悉的脸。她好像自来熟一般，平静地吃着饭，而我却在她给的餐巾纸中泪流满面。

她说高考后她摔断了脚，为了逃避军训等，故意在家休养了半年。我不想知道前因后果，我将筷子放在热乎乎的番茄蛋汤里，画出了那个心形。她扑哧一声笑出来，说她哥哥将黑板上的那个一模一样的图案拍给她了。我终于也对她说出了那句话，她将泼墨般的长发扎起，狼吞虎咽着专心吃饭，我像是个小媳妇一样只敢小心翼翼地蹭蹭她，她一脸不耐烦，催促我吃完再说。我想她已经翻身做主人了，从我也喜欢她的那一刻起。

好在我们后来能天天一起吃饭。

年少的爱恋总是那么青涩却煽情，我不止一次地想如果我能更加勇敢一点有多好，却又感谢着那些成长，让我们都长成更好的人，更成熟更包容地去面对这个世界，面对错失与泪水，坚定不移。

我想我会一直讨厌她，再也不会孤单。

在三月的火车上

李纳米

三月，将春未春。三年了，当我第一次偏离了在规定的时间内该走的这条路之后，我的心中涌动出了无法言状的快感，就像你从上海的东方明珠，南京的紫峰大厦往下跳的那一瞬间，心脏摆脱了束缚，开始在心房里游走。

我忽然感觉到了我在呼吸。我的大脑告诉我，我长到了两米多，并且我与别人不一样，很不一样——在整颗地球上，你找不到与我有一丝相似的人。

我开始幻想他们发现我出走的事。我的父母一定很紧张，他们会不会以为自己白白养育了十八年？他们会不会后悔？自责？歇斯底里？然后，从此一蹶不振，日日以泪洗面，郁郁而终？他们会不会到学校门口闹事，拉出大横幅上书："还我女儿！"学校的声誉会不会也因此受损，背上"过度施压，逼走高三少女"的骂名？班主任会被迫辞职吧？媒体会不会登我照片？

问题太多了，我决定先不去想它。

就像青春小说里写的那样，我要随便买一张火车票，只要起点是我在的城市，终点在哪里，都无所谓。我享受在路上的过程。

我买的是一张硬座，绿皮车。

对于急着降落到另一个城市的人来说，绿皮车总是太慢，对于只想享受过程的人来说，又很讨厌它总是停止在原地，而对于我这种特意跑来挥霍青春的人来说，它简直就是理想的逃避现实的城堡。

前提是……谁能先把坐在我对面的这个女人拖走？

从她落座开始，她就像是能发射X射线一样对我进行扫描。我努力回想我今天有没有在她的脸上吐过痰。嗯……我想我从今天开始就没吐过痰，而且我也没有在别人脸上吐痰的这个习惯。

难道……她看出来我可以变身？糟糕，居然被她发现了！连我自己都不知道的情况下，她居然看出来了！难道她是来带我去做研究的？不好！

好吧，我承认，我有点无聊了。于是，我开始反侦察行动——女性，也许之前为男性，无法推测。年龄嘛三十以上，三十五不到。裸露出来的胳膊，有暗红色的疤，是烟头烫伤的吗？左手腕处戴了一串很宽的手镯，蓝色、绿色、紫色的大小不一的圆珠遮住了整个手腕。她长得很好看，没有化妆，皮肤很粗糙，眼角边有一颗不大不小的泪痣。

042

她的目光，传递出的信息有很多：羡慕，向往，留恋……

我开始在心里骂自己：为什么要穿校服出走？简直蠢毙了，这和一边逃跑一边发定位有什么区别？

她好像很有交流的欲望，难道看上我了？我摆出一副冷若冰霜的面孔。

她看着我眼睛，饶有兴趣地说："让我猜猜，你的身上除了钱和手机以外，什么都没有。"

不，我还穿着校服。也许我的目光因为心中的所想而起了变化，她也露出一丝笑意道："除了你的校服。"

她的声音并不算好听，而且很沙哑。我把脸转向窗外，看到车窗上我冷漠的脸。我的瞳孔闪烁着白色的光。

"你真聪明，还给自己留了一条退路。如果我是你，我会立刻把手机关机，以防在我后悔的时候给妈妈打一个电话。"长大以后，我才不要把嘴唇涂成暗红色。真恶心。我在犹豫。身体变得僵硬。见鬼。

我最终还是没有动。

"给你讲个故事怎么样？旅途太无聊了。"

狗屁！谁要听你的故事！在心里面骂脏话真爽。我差点就说出口了。

说脏话的时候，我感觉我比她强很多。

说真的，我从来没有在平常的语言中夹杂过脏话，因为老师和家长不允许呀。可只有试过你才会知道，这真的是一件很爽的事。

我压抑了很久，可如今也只敢在心里说说，既然今天出来，就是要做坏女孩儿，任性的女孩儿，那我就一定要找机会来亲口说。

我对面那位以为我默认了，开始了叙述。

"我从小学习就不好，父母以为我没希望了，就不管我了。我很早就试着活成不受拘束的样子。我抽烟、喝酒，烦闷的时候把烟头摁在胳膊上熄灭。学校对于我来说是个无所谓的地方，我想去就去，不想去就不去。

"有一次，我无聊就去了学校。同学们都像看异类一样，老师也对我视而不见，课我也没怎么听懂。英语课有一组练习，老师让我们"开火车"，就是按照座位顺序，一个接着一个回答。虽然我表面上不怎么在意，但是我是有看题目的，也想好好回答一下，让他们看看。但是到我的时候，我后面的同学直接把我省略了，站起来回答了该我回答的问题。而且班上没有一个人为我说话，只有几个女生捂着嘴笑。老师也装作没有发现。

"我站起来问老师为什么不让我回答。老师反问我：'你会吗？''我说我怎么不会，你别瞧不起人。'老师说那你来说这个。他说的那道题很难，我连题目都看不懂。但是刚刚那道题我明明就是会的。同学的嘲笑声让我有种被轻视的感觉。我根本控制不了自己的情绪，狠狠地瞪了一眼她们，然后直接把英语书抓起来撕烂，又把课桌上所有的书摔到地上，我大声地告诉他们，老子那道题是会的，你别看不起人！我再也不上你的英语课了！

"放学之后，我跟着笑得最厉害的女生，揪住她的头发，把她拽到小胡同里去，狠狠地把她揍了一顿，她不敢还手，她就是欺软怕硬。出了这口恶气，我就跑到网吧去玩，玩到没钱了为止。有社会的不良青年来找我，但我不知为什么，就是不愿和他们混。

"后来，我爸妈有一天醒悟过来，到网吧找我，跟我道歉，哭着闹着，叫我回家。我当时觉得脸都丢尽了，而且觉得在众目睽睽之下，做一只温顺的小羊羔根本不是我的风格。更何况他们之前对我不闻不问，现在又突然地把我绑得这么紧，我一时间非常怨恨他们。我以非常恶毒地话伤害他们，伤害自己，我看着他们惊讶的表情，心里泛起寒意。

"在他们离开以后，我离开了网吧，开始漫无目的地瞎转，转着转着，气就被压下来了。

"我坐在路边，脑海里不断地浮现起一个人。那是我当时最喜欢的男生，他成绩好，会打篮球，长得帅又当班长，总是斯斯文文的。我当时追他，我下课的时候站到他的面前，理直气壮地问他："我喜欢你，你能不能当我男朋友？"他特别尴尬，因为全班同学都看着他。然后他说："你能不能小点声？"我凑近了看着他，趁他不注意的时候，亲了他一下。

"我正想着，还真看见他来了。他左顾右盼，终于看见我坐在路边。

"他跟我说：'你回学校吧，回去好好学，你这么聪明，来得及。'

"我说凭什么，我爸妈叫我，我都不乐意，你凭什么让我回学校。其实当时我就是想装个酷。

"可能我说话有点儿冲，他心里又窝着火，脸都憋红了，半晌，才说了一句，要不是你妈跪在地上求我，我才不找你。谁不知道你……

"他没说完，我听了第一句话脑子一下子就炸了。我跳起来甩手给了他一巴掌就跑回家。那一巴掌，我扇走了对他的所有幻想，扇走了我对爸妈的大部分的气。

"回家一推门，我看见我爸妈坐在桌边，屋里没开灯，他们又省钱。

"我没好气地开灯，看见桌上做了一大堆好吃的，说实话我当时鼻子就一酸，因为我等这个场景不知道等了多久。但是我什么也没说，就坐到桌边开始吃。爸妈看着我，一副欲言又止的样子。

"吃饱了之后，我才开始冲我妈发火，我说：'你这么大个人了，懂不懂羞耻啊，给一个小屁孩儿下跪。'

"我妈眼圈顿时就红了，她说，我错了，孩子。我当时慌了，以为只有他能救你……我打断她说，救救救，救谁呀，我又没死，你听好了，以后不管什么情况，你都不许求别人，最多求我。我妈只能点头，然后她哭了。你别问我哭没哭，我是不会告诉你的。

"反正从那以后我就变好了，我爸妈帮我陪着我，我戒酒戒烟，也转了学，忘掉了过去重新开始。但是你看，这段记忆寄生在我的伤疤上，生长在我的灵魂里，根本没有办法抹去。

"后来我才知道，那天那个男生之所以窝着火，是因为他被我爸妈堵到校门口了，他觉得很丢人。而且他不愿意把时间花在我这么一个坏女孩儿身上。原来他根本就看不起我这样的女孩儿。在他眼里我就是一团垃圾。

"所以，女孩儿呀，一定要自己珍惜自己，别以为说脏话变得轻浮为所欲为就很酷，你不知道别人看你这样会多么瞧不起你。只有有涵养、尊重别人、优雅大气的女孩儿才能受到所有人的尊敬。就算你成为不了这样的女孩儿，也一定要努力成为，因为努力向着美好前进的人，值得被尊重。"

"我的故事讲完了。"她笑着告诉我。

其实，她没说完，其实还有的女生变得矫情，买了一张没有计划的火车票，想要享受旅途。其实，又何必坐在火车上享受路程，你的心，一直在路上。

"对了，你在哪站下？"她问我。

我想起终点站那一个陌生的城市名，摇了摇头说："下一站。"

火车停了下来。我向她告别，她对我说："祝福你。"

但愿吧，我耸耸肩，火车汽笛的哨声响起，我站在站台边，想给妈妈打个电话。

什么！我的手机呢？钱也没了！啊，你个女骗子！我这才发现我已经空空的手袋，欲哭无泪地站在站台边……

我猛地睁开眼，床边的闹钟显示6：12。我想起今天是高中开学第一天，床头柜上，放着我崭新的高中校服，我凝视着它，突然笑了。虽然对高中有所恐惧，但做了一个梦之后，似乎对于高中生活，有些期待了呢！

旧时光里的秘密

流岚是雾

1

那时候的顾盼是一个普普通通的女孩儿，性格太过内向，没有朋友，每天都是一个人上下学，一个人吃饭，孤独的身影在校园里跟透明人差不多。

学校整顿风纪时，顾盼藏在领子下面的一个玉佩因为不愿摘下来，被教导主任扯掉直接扔下楼。要是性格暴躁一点的，大概就要和老师起冲突了，但是顾盼却是个闷葫芦，只是在放学后，一个人找了很久。

夏天的草丛里蚊子很多，她弯腰找了半天，身上被蚊子叮出无数个包，还是没有找到。东西不值钱，对顾盼的意义却很不一样，那是她从小戴到大的，类似于护身符一样的存在。

"喂，你找这个吗？"

顾盼抬起头来，一楼教室的某个窗户那里，有个男生站在窗边问她话，手里正拿着那块玉佩。

顾盼却没有马上过去，她站在草丛里，盯着那个男生看。

男生叫路笑非，高一时他就坐在顾盼后面，但是顾盼跟他说的话不超过十句。

除了顾盼的性格原因，还因为她和路笑非有点"过节"。

那是高一刚入学的时候，班里竞选班干部，老师随便叫了几个人上去计票，负责在黑板上写名字的人把竞选体育委员的路笑非名字写成了"路晓菲"，害他被人取笑，还被人取了个外号"小菲菲"。

那个写错路笑非名字的人就是顾盼，从那以后她就总是避开他，害怕被他兴师问罪。

路笑非却一直没有找顾盼麻烦，他性格开朗，长相帅气，篮球又打得好，很受大家的欢迎。即使因为顾盼的缘故被取了外号，也会在每次被男生们叫起那个可笑的外号时和大家嘻嘻哈哈地一起玩闹。他身上的阳光与整个人显得阴郁的顾盼仿佛两个世界的人。

后来升了高二，不在一个班了，顾盼和他更没什么来往了。

但是顾盼的目光从来没有从路笑非的身上移开过。

她总是会假装路过球场，偷偷地看他打球时大汗淋漓又神采飞扬的样子；高一的时候因为前后桌的关系，她知道路笑非每天午休都会趴在桌上睡觉，所以那一年的时间，她的午餐都是早上塞到书包里的面包、牛奶，只为了能在中午只剩他们两人的教室多看他一会儿睡觉的样子；后来高二了，她的教室在楼上，他的教室在一楼，每次课间，她都会专门跑到一楼来上厕所，偶尔能在热闹的走廊或是透过窗户看见他和同桌聊着游戏、漫画时的愉悦神情，她的心也跟着愉悦起来。

她喜欢他很久了，这样的喜欢隐秘又固执，就像是顾盼心上盛开的花，用尽心力绽放着。

"你愣着干什么？这不是你的吗？顾盼。"大概是看她发呆太久，路笑非又喊了她一声。

原来他还记得我的名字啊，顾盼想着，然后走过去接过玉佩："谢谢。"声音小小的，路笑非也不知道有没有听见，在传来催促他去打球的声音后就走开了。

那天顾盼回家后把仿佛还残留着路笑非指尖温度的玉佩珍而重之

地放在了盒子里。

2

顾盼是个很能藏心事的女生，至少在那件事发生之前，她不会轻易对人倾诉，要不然也不会从始至终，除了她自己，没有人知道她喜欢路笑非。

那年冬天，发生了一件对于顾盼来说很可怕的事。

她在去上学的路上，遇见了变态。

青春期的女孩子，在胸部被疾驰而过的摩托车上的人袭击后，整个人都是蒙的，愣在那里，好一会儿才涌上一股害怕。可是一大早的路上并没有多少人，她只能双腿发软地继续走，害怕那双魔鬼一样的手会再次出现。

那天顾盼都是在害怕中度过的，她长到十七岁，小偷都没遇见过一个，换作别人，大概害怕惊慌过后就能缓过来，不会像她那样反应激烈。顾盼的内向一直以来就像她给自己筑造的壳，一下子遭遇这种事，就犹如有人从外面把她的壳打破了，让她的世界瞬间有一种岌岌可危的感觉。

恐惧的情绪不断累积，顾盼的脸色变得很不好，那天下午，在同桌可有可无的一句"你怎么了"的问话中，她犹如抓住一根稻草，把事情说给她听。同桌不咸不淡地安慰了她几句，然后就继续看小说和玩手机去了。

顾盼却稍稍有点稳定下来，仿佛那些害怕都被她宣泄出去了。

第二天出门的时候，顾盼在心里默默给自己壮胆，用最快的速度到达了学校，还没等她喘口气，就被学校里的人看她的异样眼光吓住了。

同桌把顾盼遇见变态的事说了出去，在流传的过程中渐渐变成高二七班的顾盼在上学路上被人怎么了的流言。慢慢地，顾盼被完全孤立了，并且时常被人当作笑料拿出来说，她唯一一次对人倾诉，结果却是更深的伤害。

顾盼是个胆小如鼠的普通女生，她不聪明，某些时候还很懦弱，在这样的双重打击下，她想到的只有逃避。回到家里，她跟父母说不想再上学了，但是忙于工作的父母并不能体会女儿的心情，只是跟她说了一句"你堂堂正正的，有什么好怕的"就走开了。

那些夜晚，顾盼失眠得厉害，总是躲在被窝里流眼泪，有时哭着哭着，想到路笑非，不知怎么的，哭得更厉害了。

3

这样把上学当作受刑一样熬了一个星期，在顾盼越发显得孤僻的时候，她开始发现上学路上有人在跟踪她，并且跟了她很多天了。前几天大概因为她情绪起伏大，人都是恍惚的，就没有注意到。

顾盼就像惊弓之鸟一样，一下子就想起被那个变态袭击时的画面，恐惧犹如海水倒灌一般扑面而来，她觉得自己就要窒息了。

那时她想起自己房间里的大衣柜，如果能躲在里面不出来，那就好了。

可是现实没有给她选择的余地，学校也不能不去，所以顾盼还是得鼓足勇气，每天准时出门，那种被人跟着的感觉也一直如影随形，但是她从来不敢回头看。

第六天的时候，犹如困兽的顾盼终于做好准备，她拐到一个角落里等着，然后把按照网上的女孩儿防身攻略买来的防狼喷雾对准跟上来的身影，看也没看地用力按了下去。

"啊！"那个人发出大声地喊叫，捂着脸蹲下去。

顾盼扔掉那瓶喷雾，转身就跑了。

结果那天下午放学后，顾盼还留在教室抄着老师的板书时，路笑非就走进来了。

顾盼被他双眼红肿的样子吓了一跳，在路笑非把喷雾瓶子放在她桌上后更是无措："你……"

　　"我不是变态。"路笑非有点郁闷地说，他大概是被喷雾刺激得流了一天的眼泪，一双眼睛都有点睁不开。

　　"对不起，我不知道是你……"顾盼想到早上的情形，当时她确实觉得那个声音有点耳熟，但是她太紧张了，压根没想那么多。

　　路笑非走到门口的时候，突然回头说："顾盼，那些乱嚼舌根的人的话你别放在心上，至于那个变态，他应该不敢再出现的。"

　　黄昏的光线照在路笑非的身上，他的样子很狼狈，说话时却一脸认真的表情，顾盼眼眶有点发酸，良久才轻声说："谢谢你。"

　　她以为路笑非是在安慰她那颗恐惧的心，直到第二天上学路上，她才明白路笑非话里的意思。

　　路笑非一直跟在她身后，保持着不远不近的距离，那个"跟踪"顾盼的人就是他。

　　一开始顾盼以为是巧合，但是几天后，她有点不敢相信了。

　　路笑非在保护她。

　　他们的家虽然是同一个方向，但是在变态出现之前，顾盼很少在上学路上遇见他，而那之后，每天上学时，他总是保持一段不远不近的距离，没有一句话，就那么沉默地跟在顾盼后面。

　　顾盼明白过来后，觉得心里的那朵花开得更好看了。

　　她不知道要怎么表达自己的内心，她的语言一向有点匮乏，只能在午休的时候找到正躲在天台睡觉的路笑非道谢，干巴巴的"谢谢"两个字说完后，顾盼心血来潮地就高一时搞错路笑非名字的事道歉。路笑非毫不在意，他说："你没写错啊，那是我妹妹的名字。"

　　"你们兄妹的名字发音那么相似，分得清吗？"顾盼有点好奇。

　　"那是我未出生时我爸妈预先起的名字，男孩儿就叫路笑非，女孩叫路晓菲，后来你也知道了，出生的是我。"路笑非笑着说。

　　顾盼忍了忍，没忍住："我觉得你的名字最好听了。"这句话乍听有点像在奉承人，但的确是顾盼发自肺腑的话，她从来都觉得，路笑非这三个字很好听，就像是有一种魔力，即使是在熙熙攘攘的走廊，她的耳朵也能第一时间捕捉到。

路笑非并不知道顾盼的内心所思，他看见顾盼真挚的表情，笑了笑还认真地解释起来："我爸妈说这是希望我淡泊名利，笑看是非的意思，可是怎么可能淡然处之呢？这个世上坏人那么多。"路笑非叹息一声，抬起头来看着顾盼，眉宇间一片清朗，"但是顾盼你别害怕，如果那个变态敢再出现我会帮你赶走他的。"

那一瞬间，顾盼仿佛能闻到心里那朵花散发出的浓郁的花香，心里暖暖的，甚至有点落泪的冲动，只好匆匆低下头掩饰。

天台的对话后顾盼和路笑非还是像以前一样，并没有更多的来往。

两人就这样心照不宣地一起上学，那段不远不近的距离仿佛一根秘密的线，把顾盼和路笑非连在一起，每每想到这个，顾盼的心里都一阵激荡。

4

不久后，有个高一的女生在课间操时最热闹的操场向路笑非告白，结果被教导主任直接抓到办公室去，连带着打球的路笑非也被叫了去。

学校是严禁学生谈恋爱，甚至不允许男生女生之间来往过密的，这也是顾盼没有胆量提议和路笑非缩短那段距离，真正一起上学的缘故。

那个告白的女生很叛逆，被叫了家长后干脆辍学了，而路笑非因为被教导主任认为他不务学业，痛批了一顿后，他做了一件出人意料的事。

他去剃了个光头。

顾盼在上学路上看到他的时候，差点没认出他来，她一脸焦急地跑过去："你的头发怎么啦？"

路笑非摸摸头，可能是还有点不适应，表情也有点不自在："剃了啊，我看起来是不是有点像不良少年？"

"你不会是想要学坏吧？"顾盼有点担心，问的问题也有点傻气。

"当然不是，我就是气不过明明是那个女生主动跟我告白的，教导主任却说我不学好。"路笑非说到这里，顿了顿，"而且，我觉得我这个不良少年的造型，对那个变态多少有点震慑作用吧。"

顾盼那一刻很想笑，如果性格再外向一点说不定她还会去摸摸路笑非的光头，但是最终她还是用最认真的表情说道："你不是不良少年，你这个样子也很帅！"

等到了学校，路笑非的光头形象果然引起大家的围观。教导主任气冲冲而来，路笑非一句"我家有秃头基因，昨晚我压力太大，头发都掉光了"却让他无可奈何，只能罚路笑非写检讨。教导主任被气得不轻，女生们暗地里却都在赞叹路笑非的颜值居然连光头都能hold住，男生们也很佩服路笑非的胆量。

周围人的眼光和议论无法影响路笑非，他每天顶着那个造型，依旧漫不经心地跟在顾盼身后，就好像一颗闪耀的星星，照亮她脚下的路。

5

那个变态没有再出现过，那些中伤顾盼的流言也渐渐平息，或许在某些时候某些场合，还是会有人拿出来说，但是顾盼的心情却已经大不相同。有的时候她想，如果没有路笑非，她大概已经被打击得丢盔弃甲了吧？路笑非仍然每天跟在顾盼后面上学，出于那份不可言说的私心，顾盼也没有主动提出结束这样的保护。

暑假的时候，顾盼失眠了几个夜晚，终于在开学前一天去路笑非常去的体育馆问他："我要去海边玩，你要不要一起去啊？"

话里透出点寂寞，是"我"而不是"我们"，或者"我和谁谁谁"，足以说明顾盼的交友情况。

路笑非想了想说："好啊，这个暑假不是在家学习，就是来这里打球，都还没出去玩过呢。"

他们去了海边，两个人其实也没什么好玩的，但是顾盼却很是开心，这是她和路笑非第一次真正意义上的独处，足够她回味好多年了。

路笑非捡了个海螺给顾盼，让她许愿。

"你一个男生，怎么还信这种事情啊？"顾盼笑着说，在路笑非的催促下还是对着海螺在心里默默说了一句话。

"祝你愿望成真！"路笑非帮顾盼把海螺丢进海里时说道。顾盼看着海螺落进海水里消失不见，没有告诉他其实她没有许愿。

回去的时候，公交车上人挤人，路笑非站在顾盼身边，把她护在角落里。摇摇晃晃中，有时司机一个急刹车，顾盼和路笑非的距离无限接近时，她总能闻到他身上清爽中又夹杂着海水的味道，那时她的心跳就会变得急促，是在那之后好多年都没再有过的小鹿乱撞。

下车分离的时候，顾盼把那个她戴了很多年的玉佩送给路笑非："谢谢你愿意和我出来玩，也谢谢你之前的保护。"

暑假结束后他们就升高三了，必须住校，那样的陪伴和保护，以后都不会有了。

路笑非没有接，他摸了摸已经长出青色发楂的头，说："顾盼，其实那个变态袭击你的时候，我当时就在附近的超市门口，后来学校里的人中伤你的时候，我却没有站出来帮你说话。"他叹了一口气，"其实我没有你想的那么好。"

"不，如果不是你，我可能连学都上不下去了，我会先被自己内心的恐惧和无助打败，而且就算你那时候帮我说话大概也没用，有时真相只是会让流言更加发酵而已。你很好，真的。"顾盼把玉佩塞进他手里，眼神透亮，"我很感激那个出现的人是你。"

虽然这与最糟糕的事情不想被喜欢的人知道的心理规律相矛盾，但是由始至终，顾盼都无比感激，那个愿意拉她一把的人恰好是她喜欢的少年。

高三开学后，顾盼和路笑非之间那段上学路上不远不近的距离就不再出现了，但是顾盼还是会在繁重的学业之余想起那个总是漫不经心跟在她身后的身影。

临近毕业的时候，顾盼精心挑选了一本同学录，她一改以往孤僻的形象，到处找同学在上面留言，只为了最后能光明正大地找路笑非写同学录。这些路笑非一无所知，他接过顾盼小心翼翼递过来的笔，认真地写下了他的祝福："祝顾盼同学考个好大学，一生无忧无虑，健康快乐。"

他不会知道，他的一笔一画同时也刻进了面前女孩儿的心里，时光也磨灭不了。

那之后，高考，毕业，散落天涯，自始至终，顾盼都没有把心里那份喜欢说出口。有时候顾盼也会想，如果那时她冲动一回，结局是不是会有点不同？

可是就算当时她有勇气说出来，那么路笑非呢？他的保护是出于他内心的正直善良，或许里面还夹杂了一丝愧疚，如果顾盼说出那句喜欢，他会不会感到困扰呢？

一念之间，顾盼还是觉得，这个结局于她而言，已经算得上Happy Ending了。

不是所有的喜欢都必须宣之于口，才是所谓的没有遗憾。

至于顾盼为什么会喜欢路笑非，大概是在她写错他的名字，在全班的大笑声中，那个被取笑的男孩丝毫不在意地朝羞愧地站在黑板前的她递来一个安抚的微笑时。

路笑非于顾盼来说，是很不一样的存在，他让她在最糟糕的时光里免于被恐惧打倒，止住了她在人生路上落荒而逃的念头，他之于她，就像那时候她对着海螺在心里说的那样。

　　"路笑非，你是顾盼的英雄。"

　　而那段没有第三个人知晓的一个男生对于一个女生善意的保护，以及顾盼深藏心底的喜欢，最终都成为旧时光里动人的秘密。

亲爱的养乐多男孩儿

十七岁的时候，我刚升高二。

学校食堂的小卖部来了一个叫杨迪的哥哥。

杨迪来自厦门，大学刚刚毕业，会唱歌、打篮球，成绩也特别棒，叔叔开的食堂缺人手就找他来帮忙。这些都是我在女生们八卦的时候一点点收集到的。

我一直觉得我和那些犯花痴的女生不一样，我是真的喜欢杨迪，这个笑起来总给人一种温暖的感觉的男生。

杨迪的工作很简单，每天坐在柜台前卖饮料零食，然后刷卡或者收钱。

那天和往常一样，一群女生围在杨迪身边要他说一说大学里的事，天气那么热，她们也不嫌那么多人聚在一起闷得慌！

杨迪和她们聊着，没有一点厌烦的样子。

我走过去，从冰箱中拿了一瓶养乐多，自始至终，他都没有抬头看过我，只是在刷卡机上摁下三块钱，我把卡放上去，滴的一声脆响。

从那以后，我每天都会挑没人的时候去买养乐多。我没有像那些女生一样凑上去问东问西，甚至从来没跟他说过话。在喜欢的人面前都会尽量让自己变得矜持，这是每个女孩子的通病，我觉得并没什么不好。

一个月过去了，我一直在等他开口跟我说话，比如"你很喜欢喝养乐多吗？每天都买"，或者"谢谢你啊，总是来照顾我们的生意"。

可是他还是像往常那样，没抬眼看过我，也从未说过一句话。

终于在一次刷完卡后，按捺不住的我没有离开，一直注视着他。他感觉到我的目光抬起了头，对着微笑的我一头雾水："笑什么？""我觉得你好看呀。"我笑嘻嘻地回答。

在那个黄昏里，他的头发在几缕阳光的投射下泛着金黄的光泽。

他有些无奈："你是在讽刺我吧？"我嗔怪地隔着柜台轻轻地拍了一下他的头："我在你这里买了这么久的养乐多，你都不认识我。"

不得不说杨迪真的很会撩女生，他并没有理会我的抱怨，只是回我一个微笑："现在不就认识了吗？"也许是黄昏的温暖氛围酝酿了无声的毛茸茸的温暖，使这一切都充满了幸福的甜腻香味。

我在日记里总称呼杨迪"养乐多男孩儿"，他是那些女生眼中帅气的大哥哥，是别人眼中优秀的杨迪，但他是我一人的养乐多男孩儿。

养乐多男孩儿真的记住了我，每次我拿养乐多去付账的时候，他总会放下手中的书对着我微笑。

有一次养乐多卖完了，他把存货的地方翻了一遍也没找到。他只好对我摊摊手："没办法了，要不试试别的酸奶吧？"

我固执地摇摇头："不行，我只喜欢养乐多，别的都没办法代替。"

在后来的半个月里，都没有养乐多。其实我的心里是有点窃喜的，我可以借着这个由头，去找他聊天。到最后，我刚向他走去，他就先开口："最近都没有养乐多，我下午去外面买了几瓶，先给你吧。"说着从书包里掏出一排养乐多递给我。

我要付钱，他摆摆手说不用。我却还是执意自己在刷卡机上刷下十五块钱。

再后来，我要到了他的微信。

那些曾经痴迷她的女生已经不见了，我开始经常去找他。熟络后，我突然发现他是一个很幽默的人，我们总是互损、开一些无伤大雅的玩笑。

他经常问我的成绩，如果我考得好，他会说："嘚瑟什么呀！你们这些小学校，考得再好也比不上我们那里。"如果我考得不好，他则会看起来很高兴："你们试题这么简单都考不好，赶紧回家相亲吧，反正你也考不上大学。"

养乐多男孩儿最大的特点就是自恋，他经常夸自己长得帅，眼高于顶，觉得自己文能治国武能安邦，甚至有一次他指着我奉为偶像的吴亦凡的照片说："我就是懒得打扮，我要是认真倒腾自己，我都能跟他四六开。"其实不用我怎么描述，相信你们都能自行脑补出他那副贱兮兮的样子。

我印象最深的一次，是下暴雨，我把校服的裤脚挽到大腿处，大雨淋湿了我披散的头发，脚上还踩着一双人字拖，手上拎着一把伞从他身边经过，我知道自己当时肯定很狼狈。

我经常跟他的婶婶，也就是食堂的老板娘打招呼，那是一个很温柔很和蔼的阿姨，每次打菜她都会给我多打几勺。有一次，阿姨从小卖部经过，给了我一根棒棒糖。

她走后，我举着糖对养乐多男孩儿说："看到没？独特的人格魅力！" 他不屑地回我："人格魅力？谁有呀？"我狡黠地朝他眨眨眼，指指我自己："我呀！"他朝着天翻了一个硕大的白眼，仿佛要把眼球翻进天灵盖："哪呢，哪呢？我怎么看不到？"

即使每一次我都会被他损得体无完肤，但是我还是每天都去找他，乐此不疲。

我从未提过喜欢他，也没有说过中意他。有人说"所爱隔山海，山海不可平"，我没有踏平山海的勇气，所以只能任这一切沉入心底，归于沉寂。

高二的尾巴，爸爸跟我说，要把我转到广州读书，爸爸妈妈都在那里工作，方便照顾我，而且大城市的教学水平会比小地方好，有利于

059

我讨厌那个女孩儿

我升学。

我逃掉了一节语文课，去找养乐多男孩儿。他看到我，有些生气地说："为什么不上课？"他生起气来，眼睛微微睁大，那双眸子闪闪发亮，像是落进了星星，只要远远地对望一眼，便悠悠荡荡地飘进了我的心里。

张了好几次口，我也没有将要离开的消息说出口，后来灰溜溜地离开，在操场的花坛边蹲了一节课。

后来我在全国的作文比赛中拿了一等奖。我兴奋地把这个消息告诉了他，等待着他毒舌的损言，可他却出乎意料地没有损我，而是拍拍我的头："这么厉害呀，苟富贵，勿相忘喔。"我白了他一眼："定相忘。"

后来，我忙着找老师办理各种手续，便有一段时间没有去小卖部。

"媛媛，把东西收拾齐了就发消息给我，我来接你。"我看着爸爸发来的短信，有些恍惚，终于还是到了这一天。我还是决定找养乐多男孩儿去道个别。

我刚走到食堂门口，就碰见了迎面而来的他，他急匆匆地走着，似乎有什么急事。

看到我的那一刻，他愣了一两秒，然后咧嘴笑："哟呵，这是哪阵风，把我们的大作家吹来了！小庙哪能容得下您的金身呐？"

我笑笑，没有同他像往常那般斗嘴："你少贫！"

他也笑："我当然贫！你是作家啊！我说大作家啊，你的脸色怎么这么难看？这才几天没看到我啊，就搞得像生离死别似的。你这表情！是对我……嗯哼……吗？我会想多的。"

我看着他，眼睛突然有点儿红，没理会他的贫嘴，说："我其实没什么事，就是想来看看你。最近挺忙的，过些日子……"

他拍拍手，捶了一下我的肩膀，说："谢谢谢谢！哥们儿我真的谢谢你，日理万机还能百忙中抽出时间来看我。不过我今儿是真的没时间，我得先出门一下。回头！我保证！我自己给你送上门去，陪你好好唠嗑！陪君三天三夜我不下床。"

说着，他就一溜烟儿小跑不见了。

只剩下我自己，站在原地，茕茕孑立，难掩失落之情。

直到离开前，我也没将喜欢说出口。

而养乐多男孩儿，甚至不知道我已经离开。

但我并不觉得遗憾。有人认为爱是婚姻、是清晨六点的吻、是一堆孩子，但我觉得，爱是想触碰又收回的手。

在广州的第一个圣诞节，我抱着一个苹果，慢慢地啃，直到手机突然响起的那一刻——我手忙脚乱地拿起电话，说了一句"喂"，就哽住了。他在电话那端，说："圣诞快乐。"

然后我就哭了。

他说："你没事吧？"我点点头，说："我很好。"

"很久没看到你了。"他顿了顿，又补了一句，"我要回厦门了，明天9点40分的高铁。"那一瞬间，我脱口而出的是："我能去送你吗？"

电话那端，他沉默。我立刻仓皇地解释："对不起，我不说了，我不去的，对不起对不起。"

他有些无奈："来吧，我等你。"

我和养乐多男孩儿在人来人往的车站里相视无言。他的侧脸一半暴露在正午的光线下一半浸没在黑暗里，高高的鼻梁在脸上投下狭长的阴影。

我问他能不能抱抱他，我不知道他是否有看到沉默的我发红的眼圈，他只是伸开手把我拉进他的胸膛。我贴着他厚实的胸口，大衣下是他有力的心跳声，我闭上眼睛，在心里说："杨迪，再见。"

"好了，我要走了。"他松开手，拉起脚边的行李箱。

我点点头，问他："我能问你最后一个问题吗？"我多希望他能像所有蹩脚电影上演的那样，深情款款地说上一句"爱过"。但生活不是连续剧。它不会在应该浪漫的时候，就响起煽情的音乐；它不会在男主角深情告白的时候，就让女主角热情地回应；它不会在这样需要温柔和甜蜜的时候，就打翻一杯浓浓的蜂蜜水。

它永远有它令人无法猜透的剧情。

他只是皱了皱眉看着我："我们永远都是最好的朋友。"

我轻轻地吸了一口气，努力让自己的声音听起来很平静："我曾经喜欢过一个男生，为他做了很多的傻事，为了引起他的注意，我每天都会找各种借口去见他。即使他一直损我，但是能这样跟他多说上几句话，我就特别开心。"

我仰起头看着他，眼睛亮晶晶的，充满期待："一个十七岁的女孩，用这样一种蹩脚的方式表达她的喜欢，你说，那个人会感觉得到吗？"

他平静地看着我，说："这个问题，你应该去问他的。"

"如果他喜欢我的话，就不用我去问了。如果你见到他，记得一定告诉他，我……"

他低着头，没说话。

剩下的那三个字，我没继续说下去。我轻轻地推了推他的后背，说："快走吧。"

然后，他就真的走了。

连说声再见的勇气，都已没有。

车站到处都是人，密密麻麻地拥挤在一起。我在人群里，艰难地一个一个地挤过去，目光追寻着他离去的身影。当我终于越过无数人的头顶和肩膀缝隙，看见前面静静站着看电子牌的养乐多男孩儿时，我的眼泪终于不争气地流了下来。

我只是站在安检口，看着他一步一步地离开我的世界。

我看着他的背影消失在滚滚的人流里，宽阔的肩膀像是可以撑开头顶辽远的蓝天。你这样喜欢过一个人吗？

他真的很好，甚至好到你觉得配不上他，就算他对你很好、就算你们每天都在一起聊天，你也依旧感觉距离他很遥远，你也清楚地知道，这不是爱情。

可是就算有这种感觉，你也不在乎不介意，因为他是你喜欢的人。就算你知道，真的很危险，也真的不会走到最后，还是甘之如饴。

我亲爱的养乐多男孩儿呀，以后你的世界就没有我了，没关系，祝你早、午、晚都安。

再见啦！

063

我讨厌那个女孩儿

一颗卑微的浮尘

旻 夕

鹿安宁的手链被扯断了，随着珠子和水晶的落地，这场争吵才告一段落。

大三的纪录片课，每一组都要在期末交一部纪录片，鹿安宁她们小组策划了好久，才确定拍摄地点定在微光学校。那是一个被遗忘的海岛，岛上仅有年迈的老人和稚幼的孩子，比起留守儿童，这些孩子更不幸，父母双方都因为犯罪进了监狱，或者一方因另一方被隔在高墙之内而选择远走高飞。但仍有一位男子上了岛，在岛上义务任教，并且一待就是五年。所有媒体的报道到此就戛然而止，没有关于这男子的任何信息。

鹿安宁她们查好地点，坐船进了岛。一走进校园，就被一群淳朴可爱的孩子包围住。刚拿出脚架和摄像机，就从楼里走出来一个人，不问原因地让她们赶紧走。

鹿安宁坐在床上数捡回的珠子，小佳在一旁抱怨："安宁，你说这个人怎么那么奇怪，虽然年纪轻轻，但眼底却有一汪很深的泉，令人猜不透。"

"你写诗呢，还一汪很深的泉，酸不酸啊？"

小佳没有反驳，立马岔开了话题。

"那我们的纪录片怎么办？照理说，我们一不做宣传二没有目的，他干吗拒绝，再说了，岛上那些孩子见到我们多高兴啊。最让我生气的是，这住宿条件也太差了。"

"好啦，他自然有他的道理，我们也不能为了作业强人所难。冒昧而来，能给个住处就不错了，要不是一天只有一艘船进岛，估计我们上午就被赶走了。"

海岛上的湿度和盐度都极高，天花板上的深色水渍一团连着一团，墙角湿漉漉的水汽使白天晒出的盐粒粘在一起。风吹得窗户呼呼作响，海腥味在屋里四下弥漫。

安宁拿起手机，准备出去给妈妈打电话。关上门的前一秒，小佳的话追出来："对了，听孩子们说，那个男人叫林泽野。"

"林泽野，林泽野……"安宁只觉得在哪里听过，却一时想不起来。

散掉的深色珠子和紫水晶被安宁小心地摆在手帕纸上，小佳细心地将它包好，拉开抽屉把它放了进去。

065

晚上的海岛变得有些吓人，没有孩子没有欢笑声，一大块黑暗压下来，怎么望也望不到光亮。

安宁不敢走太远，就在校门口的树下拨通了母亲的电话。内容无非是彼此嘘寒问暖，和母亲讲一下自己的生活，但安宁对作业碰壁的事只字未提，把自己像标枪一样投掷到远方的这些年，安宁向来报喜不报忧。父亲走后，母亲独自在家，安宁每周的几通电话成了她对生活的所有期待。乡音随着电波抛来抛去，忙音响了好几声，安宁都没从思绪中走出来。

"你也是清远村的吗？"沙哑的声音从树边传来。

比林泽野清晰的脸更先在鹿安宁眼里成像的是一颗闪着红光的烟头。夜色渐浓，浓到吞没了烟雾，两人之间只剩淡淡的烟味。

在树旁坐了许久的林泽野，听完了鹿安宁整个通话过程，丧失很久的亲情牵挂，像风拂过耳际的熟悉方言。

"你叫什么名字？"两个人坐在树下，林泽野问鹿安宁。

"鹿安宁。"鹿安宁用手绞着衣角，林泽野再加上清远村，她已经认出了他。

"你也姓鹿？你父亲…"

"别提我爸爸！"鹿安宁一下子激动起来，她站起身，把林泽野留在身后。

"他是个好人。还有，你们可以留下来拍作业。"急促的呼吸和极快的步伐，鹿安宁还是听见了。

躺在床上的鹿安宁，失眠了。

她打开空间里一个只对自己可见的相册，照片里有各种年龄的她和父亲。父亲作为一名警察，总是很忙，但只要一有空就会陪安宁，相处的时间不多，但照片不少。

父亲出事那年，鹿安宁正在上初三。母亲隐瞒了父亲的死讯，但世上没有不透风的墙，鹿安宁在学校开始受人排挤，直到那张报纸被贴在黑板上，鹿安宁用指甲一点儿一点儿把报纸抠下来，标题大得刺眼：警察叛变？和黑帮被一锅端掉。父亲死得如此不堪，在民风封闭的清远村，安宁和母亲受遍了别人的眼神和恶言恶语，她们花尽积蓄搬进了市区，拮据了几年，在加上一个陌生人的捐助，日子才一点点好起来。

被刻意遗忘的人和事又一股脑儿向鹿安宁涌来，各种情绪包围着她，她却只有眼泪这一个出口。

林泽野又在树下坐了一会儿："鹿姓是外姓，要不是工作调动，鹿叔叔也不会搬进清远村，并在那安了家。"林泽野是见过鹿安宁的，但三岁之差，他离开时，鹿安宁还是个小女孩儿。世事弄人，他没想到会在这里遇到她。

纪录片的拍摄在初期有些困难，孩子们许久没有见过岛外的人，况且还是些年轻有见识的哥哥姐姐，他们整日缠着安宁他们，嚷着要听一直好奇的岛外生活。原本计划一周拍摄的任务，只能随实际情况往后延长。

原本只是自己守护着这三十几个孩子，如今来了四个年轻人，给林泽野减轻了不少负担。他很多时候，坐在远处看着鹿安宁她们和这群孩子，他能隐约感到鹿安宁在躲着他，反而同来的那个叫小佳的女孩儿，时常主动找他讲话。

林泽野是清远村人们口中的一颗毒瘤，他对村里人没有礼貌，整日傲得不行，初中时因顶撞老师而被学校休学，从那之后，他就从清远村消失了。村里人爱扯家常，这些话在鹿安宁小时候就听过很多遍，她只希望早些完成作业，离开海岛。但她能感觉到林泽野那深如泉的眼神一直追着她。

孩子们已经适应了那台天天对着他们的黑机器，哪怕从它前面经过，也失去了做鬼脸的热情。原本以为这是群令人怜悯的小孩儿，但和他们相处了一周多，他们身上的乐观、坚强打动了鹿安宁她们，小组成员们临时决定将主题从悲天悯人换成乐观向上，多记录孩子们真实的笑脸。

课外活动，大家一起做老鹰捉小鸡的游戏，林泽野经不住软磨硬泡，第一次加入他们的活动，答应当老鹰。剪刀石头布，输的那个人就是母鸡，鹿安宁就是那个倒霉鬼。她和林泽野面对面，她张开双臂护着身后的"小鸡们"，林泽野声东击西，叼走了一只又一只"小鸡"，玩到激烈的时候，鹿安宁发现原来林泽野笑起来那么迷人。

直冲着太阳的方向，再加上在林泽野的笑容中没回过神，鹿安宁踩到脚下不平的石头，腿一下子软了。林泽野眼疾手快地抓住鹿安宁的手，一个转身，鹿安宁的所有重量都压到他的身上，鹿安宁感觉自己的后背仿佛靠着一颗炽热、跳动的太阳。

鹿安宁给母亲的电话里，问起了林泽野这个人。第一次问时，母亲还很疑惑鹿安宁怎么会突然提起他，鹿安宁搪塞过去，听母亲还原林泽野的身世。

原本林泽野家在清远有一间很大的房子，他爸是个能人，在外接活发了大财，林泽野学习优秀，一家三口是清远村很多人羡慕的家庭。幸福被酒驾的父亲一下子撞没了，父亲车祸而死，还赔上家底给另一方受害家庭。

家里的房产迅速变卖，母亲受不了生活的重压，攒了很久的安眠药一口吃掉，将林泽野孤身留在这凶险的世上。

寄人篱下，林泽野越发孤僻，直到初三那年对老师大打出手，从此便从清远村消失了。

通过林泽野给孩子上课，鹿安宁感觉他的学历绝不止初中，但对这一切，她都无权过问。

素材拍了2G，鹿安宁她们决定后天便离岛。没想到走前又用摄像机记录下了戏剧的一幕。

那天早上，大家刚在院子里做完晨起运动，就有一群人，开着船带着大包小包上了岛，以要捐助孩子的名义进了学校。

鹿安宁她们偷偷架好摄像机，林泽野让小佳带孩子们进楼里，然后一副强硬的态度让那群人赶紧走。

两包好烟，林泽野不为所动，威胁的话，林泽野更是不屑，那帮人丢下了一句"什么东西，都是一群社会败类的孩子，有什么了不起？"鹿安宁虽然已经大三了，但听到这句话，她的心上还是被人狠狠扎了一下，外表光鲜的成人嘴里怎么会吐出这么恶毒的语言。

鹿安宁他们把东西收拾好，准备明天一早就出发。一个陌生的号码拨到鹿安宁的手机上，她接起来，"是我，我在树下。"林泽野说完六个字就挂了电话。窗外又是一个浓黑的夜。

"我也不知道赶走一帮又一帮来捐助的人，这样的做法对孩子们是好还是坏？"林泽野积压了很久的心结，他想找人说说话，唯一能想到的只有鹿安宁。

"为什么不让正式媒体来报道一下？为什么不让别人看到你善良的一面？"

"如果他们看见了，就会期望我一直是善良的。"

鹿安宁从林泽野口中听到了关于他身世的另一个版本。

父亲车祸之后，被觊觎很久的房子里来了一群不速之客，村长他们以占用公家田地的借口，要强行没收林家的房子。屋漏又逢连阴雨，村里人的闲言碎语像暴雨一样淋了母子俩一身。母亲受不了重压离世，林泽野知道她去陪父亲了。

"要不是你父亲是村上负责的警察，时常给寄养我的亲戚家送些东西，过节过年也不忘来看我，我可能早在这险恶的世间迷失了。"

鹿安宁对父亲的了解又多了一点。

"初三那年，我受不了村长儿子对我的羞辱，和他在班上大打出手，老师不仅不主持公道，反而拿我的家庭不健全说事。从那时开始，我就发誓，再也不让别人看到我的善良。"林泽野深如泉的眼眸里藏满了这些年的磨难。

来到海岛上以后，林泽野前期并没有阻止那些打着公益旗号来的人，直到有些人做完秀，又把文具、被子等物品要了回去，理由是"犯人的孩子用不着这么好的东西"，甚至有人更过分，把话筒和镜头对准怯生生的孩子："爸爸是犯人，你会不会觉得很丢人？"为了自己的收视率和满足人们的猎奇心理，竟然可以向孩子无情发问，从此林泽野就变成了岛外人眼中的恶人。

出发的船还是开动了，岸上招手的孩子变得很小很远，鹿安宁习惯性地一摸手腕，空空的。

"啊，我把手链落在岛上了。"手链是父亲送给鹿安宁的，她哀求师傅把船开回去。

鹿安宁重新上了岸，直奔住宿的房间。拉开抽屉，手链静静地躺在里面，她用手帕纸将它们包好，刚要关上抽屉，被一些汇款单夺了视线。"沐予"两个字，"林泽野"有水有木有给予，原来在她和母亲最难的几年里，那个以"沐予"为名字给她们汇款的就是林泽野。发誓一定要找到的人，突然就出现了，那个被全村人当作毒瘤的人，那个不被外界理解的野蛮人，将他心里保存的爱交付给了远方的她和母亲。

门口传来脚步声，林泽野一脸疑惑地看着鹿安宁，视线下移，他看到了鹿安宁手里一沓汇款单。他转身想逃，鹿安宁先于他迈出了脚步，她伸手抱住林泽野的后背，夺眶而出的眼泪泅湿了林泽野后背的衬衫。鹿安宁的拥抱和眼泪，无关于喜欢，只觉得林泽野在这凶险的世间，戴着骇人的面具，却坚持着善良，实在是太难了。

鹿安宁带林泽野去了父亲的坟前，当时被抓的黑帮残余在监狱里染了重病，临死前他和盘托出了所有计划，包括鹿安宁的父亲被故意陷害，拉做垫背。

鹿安宁在父亲的坟前哭得很伤心，即使他不是一个好警察，但至少是一个好父亲。在这六年里，她却将父亲孤单地留在这里，任由枯草陪着他。林泽野看着那张黑白照片，郑重地鞠了一躬。

鹿安宁小组的纪录片选题很好，被指导老师当作参赛作品推了出去，出人意料地人气很高，不仅作品得了奖，微光村也来了几个志愿支教的老师。

鹿安宁放了假也会跑去岛上帮忙，林泽野和鹿安宁像两颗明星，挂在夜色正浓的微光村上空，散发出点点亮光点点爱。

我在最美的季节里患过伤风

　　我曾试着让时间去抚慰伤痕，试着放下过去，不理会那场伤风给我带来的伤害，可我做不到。虽然那些欺负过我的人我早已不恨，但那段时光，却刻骨铭心，无论如何也忘不了。不曾经历过校园欺凌的人永远都不能体会，当所有人都在温暖生长时，只有你一人在角落里独自疗伤，是多么孤独的一件事。

我在最美的季节里患过伤风

文星树

我的初中生涯，是在别人的谩骂、孤立和讽刺中度过的。我不讨人喜欢的原因，是我长得胖，不漂亮，家境不好，成绩不好。

有些女生常常会在私底下讨论谁是班里最不受欢迎的人，那时我总是当之无愧地成为票数最多的那个。男生们会拿我恶作剧，或是在我的凳子上放红墨水，或是把我的书包从窗户丢下去。

记得有一次测验卷发下来，一个男生摸到我的卷子，便一脸嫌弃地丢到一旁。他的动作引来了很多男生的嗤笑，那些男生纷纷说道："哟，你碰到她的卷子了，你以后就要对她负责了。"丢我卷子的男生听到后，愤恨地看了我一眼，然后用力地在我的卷子上踩了好几脚，以表示对我的厌恶。

我看着试卷被他踩得一塌糊涂，眼泪就出来了。我不止一次地被女生嘲笑、被男生欺负，班上所有人都在和我保持距离，曾经在小学与我很要好的朋友，也因为班上同学的排斥渐渐开始疏远我，她不仅不再愿意跟我一起放学回家，还和其他同学一样，每天取笑挖苦我。

我不知道自己为什么会得罪那些同学，我用尽所有的方法去讨好她们，他们笑我骂我打我，我不敢去老师面前告状，他们要我帮他们抄作业，打水，倒垃圾，我不敢拒绝，生怕做错了什么，一下子又把他们得罪了。然而面对我的讨好，他们慢慢地视为理所当然，不仅如此，那些对我的嘲讽和谩骂更是与日俱增。十几岁的我，觉得自己一下子被这个世界抛弃了，那时候我最喜欢的事情就是去看海，每次海风吹来，站在高高的观海石上，我都有跳下去的冲动。那时我想，如果所有的烦恼随海水飘走了，该有多好。

可烦恼就是烦恼，逃避解决不了任何问题，反而使我的处境更加糟糕，那些变本加厉的伤害，使我的整个青春，都是灰色的。

十三四岁是生命中最美的时光，那时候我们情窦初开，对这个世界有了混沌的认知，我们有着介于成人与孩子间的心态，有充沛的活力，以及对未来无限的憧憬。可就是在这样美好的年华里，我却像一棵生长在春天的狗尾巴草，看着身边的同学生长发芽开出花苞，格格不入地处在其间，既自卑又怯懦。

我永远记得，那时候我周围的同学最爱对我说的就是"你不行的"。

我喜欢唱歌，同桌就对我说："你不行的，你要是上台，小心别人往台上扔菜叶子。"

我喜欢朗诵，后桌就对我说："你不行的，你说话的样子特别像只猪，朗诵会更丑。"

我喜欢写作，前桌就对我说："你不行的，你成绩又不好，家里又穷，写出来了谁看？"

无论我喜欢什么，做什么，他们都会否定和嘲笑，所以，当我身边的人都说我不好的时候，我真的就相信：我是一个很差劲的人。

哪怕后来，我跟团当起了兼职独唱女歌手，朗诵拿了省里的大奖，文章上杂志了，我都会觉得：我很差劲。这些自卑就像刀刻在了我的骨子里，每一次前行，都会让我惴惴不安。

初三上学期，我试着让自己不去管那些同学的言论，也不再去刻意讨好他们。我开始专心致志地学习，写作。我告诉自己，过往的那些经历，不过是患了一场伤风，病好了，我必须勇往直前，不再怯懦。

如今，那些嘲笑我的同学很多都已经出来工作了，只有我一人，幸运地接受了大学的教育。若干年后，初中同学再聚，一个曾经奚落过我的男生在QQ里对我说："其实我从来都没有讨厌过你，只是大家都孤立你，我只好从众。"

看完他的话，我突然很心疼那些年为了别人不讨厌我，于是拼命地去讨好别人的自己。QQ对话框的字修改了一遍又一遍，我终于给他发了过去："我曾经笨拙地想去讨好你们每一个人，后来我才发现，你们之所以讨厌我，并不是因为我对你们不好，你们讨厌的，是我的缺点，是我的家境，成绩，样貌。而这些，与你们一点儿关系也没有。"

这行话发过去，我终于忍不住伏在电脑前哭了一场，青春岁月里那些嘲笑与谩骂终于走过，可是留给我的伤痛，却久久也不能消除。那些欺负我的同学不知道，整个高中和大学，我都是在一种"要是别人排挤我我该怎么办"的惶恐状态中度过。

我在最美的季节里患过伤风，一患就是好几年，那滋味不好受，我知道。我曾试着让时间去抚慰伤痕，试着放下过去，不理会那场伤风给我带来的伤害，可我做不到。虽然那些欺负过我的人我早已不恨，但那段时光，却刻骨铭心，无论如何也忘不了。不曾经历过校园欺凌的人永远都不能体会，当所有人都在温暖生长时，只有你一人在角落里独自疗伤，是多么孤独的一件事。

Soulmate

@番番番番番薯茗

和一个朋友聊天，他说他好想谈恋爱，我开玩笑似的问他："你干吗不追我？"出乎我意料，他说的不是"我不喜欢你啊"，而是"觉得配不上你所以不敢追"。问他："你对我的印象怎么样？"他说："集体荣誉感很强的一个人，高二的4×100……"

一句高二的4×100，所有的回忆都涌上心头。

我和他是高一同学，因为他的名字中有个"荣"，我就开始叫他猪肉荣。刚开学的时候，他坐在我的前面，我们还不太熟悉。第一学期快结束的时候，音乐课我的宿舍选择了舞台剧表演，找了猪肉荣的舍友黑人先生客串"王子"这个角色，找了猪肉荣反串"老奶奶"这个角色，很害羞地说我就是那个不白也不美的"白雪公主"。黑人先生也许是因为体育生的关系，长得黑黢黢的，也是因为排练舞台剧的关系，黑人先生牵了我的手，我就突然喜欢上黑人先生了。

我喜欢黑人先生的时候，黑人先生不喜欢我；我不喜欢他了，他又跟我说对我有好感了。暑假刚开始的时候，黑人先生成了我的初恋，因为一些原因，高二刚开学我们就分手了。

我和黑人先生的爱情结束了，但和黑人先生的好朋友猪肉荣的革命友谊并没有结束。有时和猪肉荣碰面了，我会假装无意问起黑人先生的近况，猪肉荣也总是安慰我，不要吊死在一棵树上。

用现在的话来说，猪肉荣就像我的男闺密。他不温柔体贴，甚至可以说很暴力。每次隔很远见到他，我都会很大声地喊"猪肉荣"，走近了他会捶我一下，我也会不服气地捏他身上的肉。有事需要别人帮忙我也是第一个会想到他，他很少看手机，我就从五楼最东面的文科班跑到二楼最西面的理科班去找他。也许我太明目张胆，当我出现在他班门口时，就会有人主动帮忙叫他出来。有很多同学问我，你们为什么关系那么亲密？我都会摇摇头说："没有啦，他不把我当女生看，我也把他当作兄弟。"

我在文科班的两年，叫他帮我搬过乐器，也叫他帮我传过话，我看过他打篮球，也试过在竞选失利后在晚上的饭堂门口抱着他号啕大哭。他给了我一种爸爸的感觉，我在哭的时候他一改往常，不再用凶巴巴的语气跟我说话，他跟我说没关系，说我足够优秀，说我下次还有机会。我在十八岁生日的前一个月，每次见到他都要提醒他一次，"我二十九号就十八岁了噢。"我想要的只是一句生日快乐，但他和另外一个好朋友在晚修下课突然出现在我课室门口，不仅有生日快乐，还有一大把巧克力。

兵荒马乱的高考结束了，他在一家餐厅做服务员，每天都是晚班。有时我晚上失眠了，就会在微信上轰炸他，他下了晚班后会一边骑单车回家一边陪我聊天，有时会发当晚的宵夜给我看，有时凌晨玩游戏了还不会忘记回复我。

大学开学前，我和另外一个共同好朋友，一起去了他家吃午饭。他妹妹是大厨，他们两个男生在玩游戏，他说我想做什么就做什么。第一次去男生家吃饭，竟然毫无压力感。她妹妹煮了我最喜欢的胡萝卜丝，饭后我们三个围着饭桌聊天，什么都可以聊，无拘无束。下午，我们跟着猪肉荣坐公交去了他爸爸妈妈承包的鱼塘那玩，他的爸爸妈妈是很开明的家长，没有怀疑我是他的女朋友，和他爸爸妈妈聊天也不用顾忌太多，想说什么就说什么。

第一次去男同学家，第一次和男同学的家人吃饭，第一次被男同学的父母送回家，都是同一天，没有想象中的紧张，可能因为我性格太热情，可能对他本来就是亲人般的依赖吧。

从高一到大学，我们认识了差不多四年，他见证了我三次疯狂的恋爱。

第一次拍拖是两个月，分手后一直喜欢初恋，直到毕业后去旅游遇到第三个男朋友才对初恋彻底放下了。两年来，猪肉荣总是不间断地安慰我，以大哥哥又像是男闺密的身份陪我度过了漫长而痛苦的两年高中生涯。

第二次拍拖一个月，我没有真正喜欢过他，只是喜欢被人关心被人紧张的感觉，然后就和他一起了，一起后发现我还是忘不了初恋。我跟猪肉荣说我分手啦，猪肉荣叫我不要伤心，我说我和他一起前就跟他说了我不可能会很喜欢他。猪肉荣骂我，叫我不要玩弄感情，说我不喜欢就不要去撩人家，撩了就认真谈下去。

第三次拍拖两个星期，那男的就是我毕业旅行在南京遇到的，他骗了我说"没有女朋友"，但我知道真相时已经沉沦了，拖拖拉拉寒假时他们分手了，后来他和我谈恋爱了，后来他又要和我分手。他总是在我和她之间犹豫和徘徊，我很痛苦这段关系但又断不了。分手那天我和猪肉荣从白天聊到黑夜，从坐在凳子上聊到躺在沙发上各种话题都涉及了，从我清醒聊到我睡着。

我一直都很感谢猪肉荣的存在，高中和我相隔三层楼的距离，有事我可以随时去找他。后来我们又在同一座城市但不同的大学读书，偶尔可以一起坐大巴到车站，他也会为了帮我提东西，送了我回学校后再花上很多时间转车回他的学校。

我从来没有当过他是我备胎，"soulmate"这个模模糊糊没有明确概念的词，可能是对他最恰当的评价。

我不知道他的那句"觉得配不上你所以不敢追"的真正含义是他喜欢我但是觉得配不上我不敢追，还是把我当成好朋友对我一点feel都没有所以不敢追。我没有去追问这个问题的答案，不是所有的问题都可以刨根问底，如果他也只是把我当成好朋友固然最好，如果他真的喜欢过我或者喜欢着我，我会无法面对，甚至从此失去这个挚友。

念念叨叨了那么久，回到开头的"高二，4×100"吧。那年我为分了手的初恋能够多看我一眼，就去报了校运会的接力赛，比赛那天我胃疼，一跑完瞬间跪倒在跑道上。那天之前我跟他说了猪肉荣要看我跑步噢，但因为赛程一拖再拖轮到我班时已经正午人差不多走光。想不到他留下来看了，想不到他还认真地留意我了。要相信总会有人默默关心着你，我们都不会是一个人。

Hey，猪肉荣先生，很庆幸我凌乱不堪的青春里一直有你存在的痕迹。废话不多说，保重身体，得闲饮茶。

你所缺少的部分，我会用想象填满

Disappear

常常听同班的数学尖子提你的名字。我刚上初一，对于一个陌生的名字只有满满的好奇，再没有其他情愫沉淀了。

一、那一年，笑语喧喧，人影幢幢

初二我们同班。或许真的是缘分，开学不久后，我们成了前后桌。

我说我读书笔记找不到了，你说没事我帮你写个寻物启事。过了一会儿你就拿着一张纸站在讲台上，像太监宣读圣旨一样一本正经地念道：某某某（我的名字）于今日下午丢失一个黑色笔记本，望拾到者尽快奉还，必有重谢，若为帅哥，可考虑以身相许。

趁着老师接电话的空子，你戳戳我的后背，一脸贼贼的笑容："看史上最帅的人。"说完猛甩了一下你的刘海儿，而你的头发竟然可以在额头上收放自如。我惊叹世间竟有如此贱的动作，然而我只是不咸不淡地说："几天没洗头了啊，甩我一脸头皮屑。"你不以为然地说："喊。"然后还是一脸呆萌的样子。

体育课上自由活动，我不自量力跑到健身区去翻杠。终于在"七大姑八大姨"的搀扶下上了杠，然而身高是硬伤，我只能极其尴尬地挂在上面晃来晃去。你大老远跑过来，给我做了一次漂亮的翻杠，360度完美落地。你得意地向我挑了挑你喜感的眉毛："回去再练几年吧，大长腿。"

后来，你的作文天赋被语文老师看中，只是一些文章还欠缺火候，让你修改之后打印出来。你从办公室回来直接把作文本扔给我："兄弟靠你咯。"我一脸不情愿，却在放学时乐颠颠地把你的本子小心翼翼地藏在了书包的夹层里。我心甘情愿熬了一个通宵，替你翻箱倒柜，连小学作文书都找出来了，害得我妈以为我终于开窍知道奋发图强好好念书了。第二天早上看到作文本的你惊异地说："怎么这么快，一个星期交货你嫌久吗？"我心力交瘁地翻给你一个死鱼眼："不早说。"但你还是很感动地握了握我的手说"好兄弟"。我笑了笑告诉自己一切都值得。

篮球测试，一群莺莺燕燕在操场上唉声叹气。我在炎炎烈日下苦投了二十多次，幸运女神却从未垂青于我。你从旁边经过，捧着篮球皱着眉，俨然一副资深教练的凶样子。我说快来教我。你愣了一下，走过来托着我的手说，应该这样。盛夏里，少年毫无规律的心跳声与少女的粉色小情愫交相辉映。我说："你知道我是故意的吗？"你不动声色地回答："我知道。"然而事实是，你从我旁边经过说："你好好练，我给你带瓶水，记得还钱啊。"

我们之间打打闹闹骂骂咧咧哭哭笑笑，就这样安然度过了可歌可泣可敬可恨的初二。

我记得，你会投漂亮的三分球，你能轻而易举地解出让同学们抓狂的理科题，你总是数学老师赞不绝口的好学生。你是那么优秀，以至于我怎么都追赶不上你的步伐。

后来初二考试结束，你我之间没有道别。其实我很想告诉你，外面风大，跟我回家。然而那天我什么也没有说，只是夕阳红了我的眼。

"原来，在生命的瞬间能够遇见你，就已经花光了我所有的运气。"

二、那一年，流水淙淙，豆蔻年华

初三时路过你们班的门口，常常看到你和周围的女生们谈笑风生。我只是向着阳光微微眯起眼眸，手指轻轻按住心脏跳动的地方，仿佛沉溺于深海。

如果你有喜欢的女生就不要再逗别的女生笑了，因为一个会吃醋，另一个会心动。这话说得不错。

中考，这个在初三时被视为禁忌的词语终于在六月半如列车般呼啸而过，只剩下七份试卷为我们的初中画上并不圆满的句号。转眼间，说好一起走的同学们都各奔东西，原来曾经的承诺也会在现实的摧残下显得那样苍白无力。

"我从不敢对你承诺，因为听人说，承诺不过证明没把握。"

三、那一年，挥手告别，懵懵懂懂

已是深夜，你依然在线。

我说了很长的铺垫才引入正题，我问，如果当初我向你告白你会不会接受。

你说："我不知道。"

我说："你只要回答是或者不是。"

你说："回答是我整个一变态，回答不是伤害了一个幼小的发春的心灵。"

我笑笑，你还是和以前一样没心没肺。

"不能在一起就不能在一起吧，也许，一辈子也没那么长。"

四、那一年，耿耿于怀，念念不忘

清晰地记得中考时下一场雨，是整个盛夏里最美的一场雨。后来中考结束，我们去了不同的高中。

暑假里，听初三时的同桌在电话里跟我抱怨长途话费贵，抱怨她舍不得深圳的怀抱，抱怨任性的军训说来就来了。

我喜形于色地告诉她我可以替她去军训，反正七天的军训结束还会再分班嘛。而我甘愿被阳光暴晒的原因是，听说她跟你分到了一个军训班。

那一天，我顶着别人的名字欢天喜地光明正大地走进了你的教室。望着你诧异的目光，我面不改色地对你说"嗨，好久不见"。

陪你走完这七天军训，我们也该好好告别了。

我 不 像 她

Echo

几乎每天早上都赖床的我，闹钟响后顺手打开微信，看见霏答应了我的好友请求。

我点开她的朋友圈，很小女生的气息，再往下翻，全是她去各地旅游的照片，照片里的她青春洋溢，我受到刺激一般贪婪地往下翻。天哪，她不仅去了我心心念念的上海，去了苏杭，还去了韩国、尼泊尔、埃及……

突然沮丧得赖不了床了，心里难受，但还是很想看下去，有种找虐的味道。

其实我会加霏是因为沛。沛是之前说喜欢我的男生。没在一起就处成了哥们儿。

沛昨天告诉我，他最近一直很注意霏，她总是一个人走，和上学期跟宿友们整天待在一块儿的光景大不相同，他说他担心她跟宿友们有矛盾。

说不嫉妒是假的，他是很闷的男生，怎么突然关心起其他女生来了？不过我所知道的他毕竟是很善良的男生，我就让他试着问问霏发生了什么事，因为他有加她微信而我没有。

晚上的时候我问沛跟霏聊得怎么样了，他说霏的确是跟她的宿友们产生了矛盾。全班十一个女生宿舍，我唯独跟她们宿舍的人都不熟，也不知道要怎么帮助她。既然她愿意跟沛敞开心扉，说明不是很糟。

但是今天看了她的朋友圈之后，比较沮丧的反而是我。一开始我以为是因为她太可爱、太漂亮，我觉得沛会喜欢她，所以不开心，然后发现最主要的并不是这个。

一来是我是想到自己和闺密努力做兼职，要凑很久才能凑到一次远行的费用；二来羡慕她在家里受万般宠爱，遇上宿友矛盾依然情绪良好。

如果是我，可能会难过得天昏地暗。

脑子里不断重复着一句话："她不费吹灰之力就过上了我拼命想过的生活啊！"

我跟闺密说自己的难受，她说，总是有这样比我们幸运的人啦！我们也可以过上这种生活，只是晚一点而已。

听了她的话，好受了一点点，却还是有一团雾气弥绕在心头。但接着躺在床上的我有种被打了鸡血似的想去做些什么事情的冲动，想着不动的话就一辈子也没办法过上霏那样的生活了。

直到下午在图书馆兼职的时候，突然想起之前自己定的目标是"十八岁努力赚钱去看杰伦演唱会"，而现在的我正在进行着这个目标。我觉得只有用自己赚的钱去看的演唱会才是最有意义的演唱会，这个梦想的每一砖每一瓦都有自己的汗水。

心里的雾气慢慢消散。

既然我不是霏那样的人，就不要去羡慕那样的生活啊。霏也有自己的不开心，也许她某个方面也是羡慕我的。这个世上总不是绝对公平，羡慕、嫉妒会像感冒一样随时随地入侵，不用太担心它会使你的身体崩掉啊，要知道感冒会自己好起来的，时间长短取决于免疫力高低。而努力积攒的信心呢，就是心灵的免疫力了。

记得围姐说过，要跟这个世界死磕到底。

任事与愿违，但未来漫长，仍还有期待。

再怎么说，我真的，今年就能看到杰伦了呢！

此岸到彼岸，我终于窥见光亮

八　蟹

1

我自小就是一个自卑的人。

小学时的自卑是因为我长着一口参差不齐的牙齿，随着年龄增长这口牙越发丑陋，而且不知何因牙齿上还长了一些斑点儿。

在我的整个童年以及初中时代我都是捂着嘴笑的。他们以为我淑女，其实根本不是，我只是自卑，尤其当我看见别人露出整齐洁白的牙齿时，我都会不自觉地抿抿嘴巴。

初中时闺密介绍她关系很好的一个男生给我。那个男生在见过我一面之后和我闺密说：

你不是说要给我介绍美女吗，一点儿也不好看，丑死了。

他不知道的是，他把这句话发给我闺密的时候我正好在她旁边，亲眼看见了这句话。

我们两个人都愣住了。她愣住是因为尴尬，我愣住是因为他的话伤害到了我。

闺密看着我僵硬的脸有点儿手足无措，她安慰我说他肯定是开玩笑的，你不要当真。

我有没有笑？我真的想不起来了，我只记得我当时很想哭，但是我忍住了。

十二三岁的年纪，尚未建立起成熟客观的自我评价机制。男生一句无心的话让我彻底否定了自己。我在往后的时光里无论如何都自信不起来。

一种"我很丑"的观念缠绕了我的整个青春期，后来别人说我长得挺好看的，我都觉得他们不是夸赞，而是讽刺。

接踵而来让我自卑的，是我的身高。所有人都在长高，我却止步不前。我的身高缺陷是我的致命软肋。

小时候没有学好走路，导致我走路一直是一种很奇怪的姿势，像企鹅一样摇摇晃晃。我一直不自知，直到身边很多人告诉我我走路姿势很奇怪我才发现我与别人的不同。

也是因为走姿的问题，我的小腿长出了很大块的肌肉，小腿比大腿还粗。加上我的腿长得本来就弯，两条腿看起来极丑无比。

2

种种的自卑对我造成的伤害并不是只言片语就能描绘的。陌生人或者是身边的朋友，都会有意无意地嘲笑我。笑话我的牙齿，我的身高，我的肌肉腿，笑话所有他们所能嘲笑的在我身上的事物。

那些话语变成刀子一次又一次地划伤我的肌肤，我所有不能言说的痛日益累积，心里渐渐生出一只可怕的怪物。

因为自卑，我走路从来都是低着头。我不敢穿过喧闹的人群，我时常走在路上听到周边的陌生人的笑声都会觉得他们是在笑我，那些笑声把我淹没。

每当在人潮中我整个人就不自然了起来，全身的肌肉都紧绷着，脚仿佛也不是我的了。尤其当我独自行走时，那种恐惧感简直要将我吞噬。

因为自卑，我过分在意别人对我的评价，所以别人就算是很无心的一句话也会让我想很多。我活得很累，因为我一直活在别人的眼光之下。

我渴望被重视，渴望被认可被肯定。可是当时的我已经被自卑蒙蔽了眼睛，我忽视了身边的人对我的好，对我的爱。我觉得没有人在意我，就算在意，也只是很轻的分量。

自卑甚至让我产生了轻生的念头。我觉得自己活在世界上没有意义。

如今再回想起来，只觉得当时的自己心里已经完全扭曲了。幼时就常做噩梦，后来长大了，现实的种种不如意在白天击打着我，到了夜晚就化身梦魇再次向我袭来。

真的就像生了一场大病，这场病严重摧毁了我的身心。

我本该充满活力的青春期，在记忆里却像是被打翻的垃圾，发出令人作呕的腐烂味。

3

那只被我自己喂养渐渐壮大的怪物在高一的暑假时开始退化了。

事实上我都很难说清这样一种转变是如何做到的。

我在高一的暑假才开始真正地阅读课外书籍。慢慢地，我看到了生活的希望，我开始热爱这个世界。

我的成绩一直很不好，初中只勉强考上一所私立高中，高一时成绩排在年级倒数五十。高二清醒，开始用功读书。第一次的月考排到了文科的第十四名。

我的第一份底气，来自我的成绩。

高一的尾巴我终于去矫正了牙齿，戴上了银闪闪的牙套。牙套戴了大半个高中时代，牙齿上的斑点儿也被牙医洗去，牙齿渐渐整齐了起来。我再也不用捂着嘴笑了。

我写的文章在高二时被刊登在了杂志上，那是我多年的梦想，它实现了。

自高一暑假后我便开始大量地看课外书，买课外书。是书拯救了我，它让我脱离了对死亡的渴求。

我认认真真地打量着镜子里的自己。当我发现我自己并没有自我以为的丑陋时，我很想大哭一场，那是一种彻底的解脱。

4

因为自卑，我更能懂得那些和我相同自卑的人的内心。

我最厌恶嘲讽，因我自己在这上面已经受过太多伤害。所以我从来都不会去嘲笑别人的缺陷，也不会去揭发别人的缺点。尽可能地宽容，友善对待他人。

就如同海明威说过的那句话："生活总是让我们遍体鳞伤，但到后来，那些受伤的地方一定会变成我们最强壮的地方。"我受到的伤害让我迅速成长。

我拼命向上生长，害怕自卑的根再次缠住我的手脚将我扯入无尽的暗黑深渊。我很清楚，我还未完整地获得救赎。我曾经因为自卑而滋生的那些负面情绪都是我犯下的过错。

人生在世，最重要的就是努力活下去。我却因为自卑而产生轻生的念头，太不应该。幸运的是我度过了是否要触碰死亡的挣扎期并且懦弱却又勇敢地选择了继续活下去。

后来我读过很多人的故事，发现自己所经历的在世间的大悲大喜面前实在微不足道。我看的越多，胡思乱想便越少。开始理性多于感性，以实际行动去弥补和充实自己。

很喜欢北尘悦在一篇文章里写到的一句话："转变的过程很艰难，就像幼蝉在蝉蜕里的生活，要蜕去一层外壳的成长。"

曾一度以为会永远暗无天日，如今长久浸泡在苦痛中的日子，终究还是过去了。我跃出水面，呼吸到了最新鲜的空气，热烈的阳光紧紧地拥抱着我。

此岸到彼岸，我终于窥见光亮。

我在最美的季节里患过伤风

凌晨两点结束的故事

海狸先生

一、陈二胖，你好呀

离开家去上学，9月12号是我碰到陈二胖的第一天。是不是每个男孩儿小时候心中都会有个美好姑娘的轮廓？我看到你的第一眼就觉得你就是我小时候心里所向往的姑娘，只是看一眼我就舍不得看别人了。当时在军训，你绑着马尾，有着好看的眼睛，人群中显眼的白皮肤，还有高挑苗条的身材，走军姿左右不协调老像走猫步的傻样。当男女分开轮流走军姿的时候，女生们迎面走来，你因为个子高，排在队伍第二位，能让我眼睛斜视一天看着你老是慢一拍的步伐傻笑。我完了，已经沦陷，输得一败涂地。

像平常男生一样我想方设法想要得到你的联系方式，不过因为是同班同学，我很轻易地在班群里加到你好友。还记得我那时很可恶地问你："你是那个高高胖胖黑黑的陈同学吗？"你当时一定蒙了，觉得我是个智障。你很认真对我说你很白，我是不是搞错人了。傻瓜，我只是想引起你的注意，想做对你来说有点特别的人。后来我自作主张地给你取了陈胖胖的外号，我跟你开玩笑，终于知道你也有彪悍的一面。当时真的是我很开心的时光，现在再写这些回忆，我也是嘴角带笑。

还记得军训消防演习科目，在教室集合，我很幸运地坐在你后面，忽然你绑头发的橡皮筋坏了，头发一下子散乱了，你转身过来羞涩地瞪了我一眼，我傻了，真的好美，你看我一点儿也没在意你为什么瞪我，而是真的觉得你好美。事后在QQ上你才告诉我，你以为是我故意拉你头发捉弄你。傻瓜，虽然我在QQ上说了那么多想走到你身边打打闹闹的话，可那时的我真的是对感情腼腆胆怯的傻子，我还是不敢在生活里大大方方站在你身边，就像我说的，你又白又高又瘦又好看，我恨不得把所有的美好词汇都给你，而我又黑又胖又笨又不高也不是那么好看，那个时候吉他水平也是菜得一首歌都没办法完整地弹下来，我还没有勇气去找你。

二、第一次告白

军训快结束那几天，你和一些女生被分配到女子军体拳战队，就这样我少了很多看到你的机会。我也被分配到变态教官，各种摸爬滚打，玩游戏我也因为笨老是被罚，但我目光却一直盯着你那个方向。我是近视眼，远远地看着你很费劲，但我还是认真找着你。当时我特意跟你学了军体拳，还说能不能我下次再欺负你的时候放放水，别打得那么狠。你一脸坏笑地亮出你的拳头，怎么那么可爱。

军训阅兵式，你上台表演军体拳，打得那么好看。朋友告诉我我即将有一堆情敌，很多人找我朋友要你的联系方式……当时我很慌，我不想那么多人靠近你，我多想你的好只能让我看到，我一个人靠近你就好了。我问你有没有很多人加你好友，你没有告诉我。我也只能顺其自然地等，在心里告诉自己还是有机会的，你可以是我的。

9月30号晚上快到十二点，我对你告白了。我鼓足勇气打电话给你，你说跟爸妈在外面玩，我也不知道接下来我说了什么，只知道我们的对话草草结束了，也忘了是说出的告白，还是打字告的白。你拒绝了，你说我们一点儿都不了解，算了吧。

好了结束了再也不找你了。我当时这样对自己说。那天晚上我失眠了，那是我对你的第一次告白。

我很没有骨气地在第三天还是跑去找你，我还是没有办法说服自己以后牵你的手陪在你旁边的人不是我。你不是说不了解我吗？那就让我们再多认识一下。你什么都不用改变，让我去适应你好了，我应该可以让自己变得再好点儿。

我当作什么都没发生，像往常一样和你聊天。不过这次是你知道我的心思，还愿意让我靠近，是不是愿意给我机会呢？老实说时间真的是最可怕的东西，在你对我感情还行的时候，我没有让它越来越好，反而越来越糟。接下来那段时间的我，老是出丑丢人，一无是处的样子，你也应该都看到了，这样的我哪里能让你喜欢，我也觉得自己不配。

三、你给我的一万次悲伤

11月22号我去看草莓音乐节，孤零零一个人去的。那天太阳特大，人群拥挤，谁都有伴儿。幸好现场的音乐气氛热烈，我少了点儿尴尬，努力扯着嗓子跟着乐队喊。我也忘了那下午场的歌手是谁，只记得那天晚上我排了一个多小时的队买水，听到了逃跑计划的《一万次悲伤》，急着录音想给你听。手机没电，还是让我成功地向一个陌生的女孩借到充电宝。我如愿打开手机录了歌发给你，才发现信号不行，根本发不出去。我此刻的心情你依然听不到……好吧，我有点儿认命了，觉得我们真的不合适。把手机塞到口袋，逃跑计划开始唱下一首歌《夜空中最亮的星》。几千人大合唱，每句歌词都打到我心里："我祈祷拥有一颗透明的心灵，和会流泪的眼睛……"

回到宿舍那首歌也终于因为有了信号发给你了，虽然已经隔了一小时。你知道吗？当时我就想举着手机伴着千人合唱跟你告白，我想在人群里大声喊出喜欢你，可还是没有成功，没电没信号这种事我都碰到了……我依然在宿舍走廊上给你发了一堆信息，我的第二次告白你仍然拒绝了，我还是很倔地对你说你就等着吧，还有第三第四第五次告白，你总会答应我的，我绝不死心。

四、暴雨真的让整座城市倾倒

我一如既往地坚持，但我总觉得如果不让自己撞到头破血流，疼得自动放弃，永远不会死心。在今年你生日，也就是1月22号那天下暴雨，我告诉你我要去找你，你骂我神经病。我对你说我只是想去你的城市走走，看看你长大的地方，你说不会见我的，死了这条心，我还是回答我一定要去。嗯，你把我删了，随后一个不知道哪里冒出的学长把我一顿骂，当时我彻底蒙了，我不知道我错在哪里，我只是想给自己来次解脱，我不想再去喜欢你了，我想我该死心了。

妈妈不肯给我路费，她哪里会放心暴雨天让我一个人跑去别的城市。我不管不顾地穿上衬衫，披件薄外套，找朋友借了两百块，终于赶上去你城市的末班车，挤在一个破旧的小巴士颠簸两个小时到了你的城市。像我这种人是很不愿意一个人跑到陌生的城市的，我喜欢待在家里，那种闭着眼睛也能走的熟悉感。下了车我简直就是在乱走，在走了两个小时后，才想起我应该给自己找一家宾馆，花了九十块给自己开了间房，还有六十块钱的押金。

好了，我没钱吃饭了，撑把伞我又在你的城市四处走，头次体会到什么叫又冷又饿，衣服鞋子全被雨水打湿。我觉得自己就像条流浪狗，无处可去，已经被丢下。走了几个小时，彻底死心了，一点点把对你的渴望消耗掉了，拍了几张照片，有大雨，有路灯，有我。

快十二点回到宾馆，脱掉全湿的衣服，躲在被子里，好了，空调开始跟我闹了，没办法打开。不过有热水壶，边喝热水边打着哆嗦看《我是歌手》，听到《人质》这首歌的时候，差点让我哭鼻子。我讨厌这里，我再也不要来了，我要回家。嗯，还是心凉了。

整夜失眠，六点起床洗头洗脸，把自己整理好，起码回家妈妈不用看到我狼狈的样子。在汽车站买了七点的车票，在车站旁边吃了一大碗牛肉面，四十块的车票，还剩下二十块钱吃早餐。好幸福。曾经无数次都放不下的你，可以放下了。

五、凌晨两点，我结束了对你的喜欢

度过了寒假，当我觉得可以很好放下你的时候，开学见到你的第一眼，我知道了什么叫习惯，你还是能轻易影响到我情绪，但没事，我不会靠近了。但我还是傻子一样每天疯狂去看你的朋友圈，在意你生活得怎么样，想多看看你，就这样有了第三次告白。7月4号开始放暑假的那天晚上你再次拒绝了我的告白，你很认真地对我说，对我没有一点感觉。我接受了，真的结束了。

我逼着自己不再看你朋友圈，不再在人群中找你在哪。就这样过了很久，我也不知道到了现在我对你什么感觉，直到那天听朋友说你从街对面走过，才意识到我已经放下这么久。我庆幸自己终于失去了在人群中第一眼看到你的能力，不用承受看到你时汹涌而来的情绪，也庆幸我们终于变成了陌生人。

现在是凌晨两点，我终于写完我们的故事。我没办法大方祝你幸福，只希望今后的日子你能平安快乐。我是爱你很久的傻小子，可是好在，我已经释怀了无法与你在一起的事实。

暗恋是棵不会开花的树

蒋篱子

前些日子，我看了岩井俊二的《情书》，看到最后竟然忍不住哽咽地哭出声来。窗外正下着淅淅沥沥的小雨，屋里白晃晃的灯光明亮而静寂，就在那样冰凉蚀骨落寞的夜里，对着电脑，我突然就想起了你，颜维一。

现在想想，原来之前我一直在选择性隐藏对你的喜欢。

心动好像是从以前就开始了。第一次心动是初二班里打羽毛球比赛的时候，或许又更早。那时带着点儿青涩中的无知，只是觉得你很有个性，无意中对你生出一些特别的情愫。高一，你成了我的后桌。在我的记忆里，你爱拿同学开玩笑，爱起哄，夸张大笑伴随着大幅度动作是你起哄时的特点，我不喜欢那个时候吊儿郎当的你，可是我也不喜欢趴在最后一张桌子上一言不发死气沉沉的你。

后来的后来，经过好几次的分班，你和我因为成绩排名相近而始终被分到同一个班级。刚开始，你那嬉皮笑脸的态度让我有些招架不住，惶恐中又有点期待，慢慢地，变成了喜欢，以至于成了习惯，当你对我不理不睬之后，甚至变成了害怕失去。

高二那年，你变得闷闷不乐，一副愤世嫉俗的模样。对每个人都很冷漠，对我也一样。我以为几年的相处，多次的分班，至少我应该是有一点儿不一样的。但是我错了，我只是你众多朋友中普通的一个。

有些时候，我不想喜欢你了，我在心里一直默默地祈祷时间能肆无忌惮地过快一点儿，快到能轻而易举地消磨掉我对你的喜欢。可是，事与愿违。当别人无意间说起你时，你的一切，我还是忍不住想要去了解。你听的歌，你做的事，我都想拼尽全力地去理解透彻。原来，不管时间如何推移，不管我是否愿意，在我的世界里，你始终是一个特殊的存在。

知道吗？每天我都是这样偷偷地看着你，注意着你。也许这是你都不知的规律——一个星期有五天你都穿T恤，星期一穿绿色的，星期二穿蓝色的，星期三、四穿黑色的，星期五穿的是星期二的那件蓝T恤。每个星期都是如此。看着你踏着铃声进教室，看着你坐在最后一排的位置做些与学习不相关的事，看着你站在走廊边上大声喧哗……如此循环……可是，后面的日子里这些就被慢慢地打乱了，监控画面里你的身影突然模糊不清，若隐若现，让我再也没规律可循。那时我还不知道你到底发生了什么。我只知道，很长的一段时间，你不来学校，就算来了，也是上一两节课就回去了。班主任也不怎么管你，你和班里同学的关系开始疏远。不知道为什么，那段时间，我并没有想你，却老是失眠。

知道吗？你当然不知道，以前你微笑地跟我说上一会儿话，我在那天的晚修里学习特别好。你偶尔坐在我后面开玩笑地说班长你今天真漂亮。哇！我心里真是开心死了。我知道你是开玩笑的，可是我还是那样开心，自己在你面前真是卑微得要命。我是一个很要强的女生，可在你面前我却惊慌失措，竟然什么都不是。

高二会考那天你和我们班一帮男生在主教学楼的树下站着，你始终是一副咬牙切齿，对任何人、任何事都不满的表情。我就那样静静地看着你。过了一会儿，隔壁班的杨萌走了过来。陈森山推了你一把，轻声地说，快点儿过去哦，给你一次机会。我听了心里酸酸的，不过还是装作若无其事地跟你们打了个招呼。可是我不敢正视你，我害怕看到你一脸不屑的表情，我会对号入座的。即使我知道那并不是针对我。

也是那天，我才听陈森山说，你和杨萌分手了。是杨萌提出来的，她喜欢上了别的男孩儿。你们分手后的第二天，她就答应跟那个男孩儿在一起了。

杨萌的决绝对你伤害很深，像是被人突然往心脏刺了一刀，痛得无法呼吸的你刹那以为自己快要死了。你不甘心，但是你无能为力，所以你消沉，堕落，自我麻痹。你学会了抽烟、喝酒、逃课。当然这些我一开始统统都不知道，你不来上课，像忽然变了一个人，我猜想过很多种可能，唯独没有猜到你失恋了。因为在此之前，你曾对向你表白的那些女孩子认真地说过，别喜欢我，高中三年我不谈恋爱。

而我信以为真。

所以一直以来，我对你的喜欢都很小心翼翼，仿佛生长在墙角里的一棵小草，脆弱、黯淡、缄默，渴望阳光却害怕灼伤。

听到你恋爱了又分手，我是什么样的心情呢？不悲不喜，却大哭了一场。

转眼就要毕业了，高考前一个星期，陈森山过生日，他邀请了包括我在内的十多位同学参加他的生日派对。那天晚上，在KTV包厢，你以他最要好的朋友身份出场，穿得很帅气，刘海儿遮住额头，却露出好看的眉眼。你一推门进来，陈森山就拽着你去点歌，我和两个女生坐在角落里聊天。你点完歌走过来，在我旁边坐下。你凑过脸来微笑地说，班长，等下我们合唱首歌吧，纪念我们从初一到高三这六年同班的革命情谊。

没等我答应，其他人已经禁不住惊叫起来了，掌声啪啪地响个不停。

容不得拒绝，我只能硬着头皮答应了。

我们点了陈小春的《独家记忆》。可能是将近离别，大家情绪低落，抑或是每个人的青春都藏着这么一个喜欢的人，当唱到"我喜欢你/是我独家的记忆/谁也不行/从我这个身体中拿走你/在我感情的封锁区/有关于你/绝口不提/没关系"的时候，在座的很多同学都哭了。

　　而我故意唱得很投入，自始至终都没有看你一眼，因为我害怕，与你四目相对的瞬间，强忍的泪水会不争气地落下来。

　　唱完歌后，我以身体不舒服为由，很快就离席了。走的时候，你送我到门口，轻轻地拍一下我的肩膀说，再见。

　　我扬起脸笑笑，挥挥手。当时有股冲动想要跟你表白，然后再洒脱地转身离开。但是我鼓不起勇气。再后来，你考去沈阳，听说你换了几个女朋友，但是仍然放不下杨萌。也许你并没有那么喜欢她，只因得不到，所以变成最好。而我非常庆幸没有开口，否则我连最后那点儿美好，那点念想都要残忍地输掉。

　　颜维一，假如有一天你不小心看到了这些文字，会不会像电影《情书》的最后藤井树看到书卡背后画像时一样，心微微疼，感动得落泪呢？我想应该不会吧，我的世界只有你来过，而你的世界却有很多人来来往往。暗恋是棵不会开花的树，喜欢你，从头到尾，都是我一个人的事情。

我也曾为你翻山越岭

　　她不再是那个在班里终日垫底的女生了，老师们的倚重，同学们的惊诧，各类小道消息把她的故事改编又改编，它们会传得很久远。可她的初心，不过只是想要翻越无数山丘，去看一场霞光万丈的日落，那里本该站着，她最爱慕的少年。

我也曾为你翻山越岭

亦青舒

1

说到底她也只是个普通女生，完全没有高中传闻里听起来那么凌厉又惊人。可坊间传闻总爱夸张渲染，非得添点油盐酱醋才讲得好故事。那些年文科班总流传着她晚上挑灯夜读到凌晨三点以至于和室友发生冲突，搬离寝室的小道消息，又说她几乎整个晚自习都赖在老师办公室不走，恨不得问题问到天明。这些小道消息，在她那年以文科第一的成绩毕业之后，又被改头换面，成了各种赞美和褒扬。

她是徐又又。

在重理轻文的一中，她曾以绝对的高分，点燃过无数学妹学弟的斗志和希望。她成了一个近乎传说般的存在，挂在了高三教学楼的长廊宣传栏里。

十七岁半的那张照片被封存在玻璃框内，略微苍白的脸，微微下垂的眼角，看上去温暾而沉默，但偏偏透着一股无法言说的倔强感。

而她粉色皮夹里藏着的那张照片里，是一个和她截然不同的少年，眼神清亮，神采飞扬，对着镜头露出自然且放松的微笑。

而这个少年，此刻不在这里。

2

如果有的事情一开始就能讲清楚，也许后面的故事，全然不会再发生。

可惜她偏偏讲不清楚。

毕竟她原本只是一个普普通通的女生，唯一的天赋，不过是能够迅速并悄无声息地消融在人群里。人生前十五年，她都安分守己地待在既定轨道里，念书，上课，偶尔做梦，但很快清醒。

直到她出人意料地去了省城一中，碰见了季森潭。

其实来一中的第一天，她就知道自己该为什么感到自卑。寝室六人间，只有她和许瑶不是省城的，其余的清一色，都是讲着好听又标准普通话的女孩子。她并不能忽然习惯从家乡方言到普通话的转换模式，在过分慌张的时候，总能微微泄露一点口音。第一次模拟考试，她等教室里的人都走光了才敢去端详那张贴在墙上的排名表，看着垫底的成绩，轻轻地叹了口气。

但这些都是意料之中的事情，不过是为她考上一中的过分好运而付出的一点相应的代价——她镇定自若地安慰着自己。她知道自己在一中会注定平凡下去，度过一段灰扑扑的青春期，最后去自己该去的大学。谁让她赢了一手彩票，阴差阳错，拿了这份本不属于她的殊荣。

自然而然，这样的徐又又在一中压根没有什么朋友。她是衣着朴素的小镇女孩，性格内向，神情漠然，常年在教室角落里自顾自地睡觉，发呆，画画。那个靠窗的位置是徐又又洞察人间的绝佳角度，能看见雨后隐忍的冬青微微下垂的枝条，顺着墙身沉默攀爬的紫红色牵牛花，夏天清晨被露水沾湿的洁白栀子花。

还有理科班的季森潭。

他站在那里，非常礼貌地敲了敲玻璃窗，恰好对上她那张不耐烦抬起的脸。相视的那一刻两个人都微微有些惊诧，但是下一秒慌乱起来的却是她。

"可以帮我把这个给林如栀吗？"

是一本很厚的绘本，内页微凸，露出鹅黄色的信笺一角。

"啊，可以。"她竟看着对方的眼睛，做了略微傻气的应答之后，坐在那里没有动弹。五秒之后她才回过神，接过书，在季森潭的笑声里站起来，慌慌张张地找人。

可她根本不认识林如栀，她只认识许瑶。于是她只好硬着头皮问许瑶："那个，谁是林如栀？"

3

当她顺着许瑶的手看到林如栀的那一刻，她凭着天然的直觉知道了为什么季森潭要找林如栀。她要是男生，也愿意站在窗台喊林如栀这样的女孩子的。

多年后徐又又读到"少女感"这个词以后，第一时间想起来的，就是林如栀。她那种天然的温柔感，弥漫在笑起来变成月牙状的眼睛里，如瀑的长发散落到清瘦的肩胛骨，漆黑浓密，发梢绑着一只湖蓝色的蝴蝶结。

那一刻她感觉自己仿佛失恋了。

大片的酸涩忽然就涌了上来，又被她硬生生地强压下去。她回头一看，那个少年还站在窗边，等着她做摆渡，渡去林如栀的一声应答。

她是做了那个摆渡，可鬼使神差的，她终究没能按下自己心里那点不甘。破天荒地，她第一次收起脑子里那些认命的安分念头，无师自通地模仿出一张八卦兮兮的嘴脸——她顶着那副不怀好意的笑容，对季森潭抛出一句话：

"看样子我帮了一个很大的忙，你不觉得，该请我吃顿饭？"

4

那一句话，是徐又又漫长的暗恋长征的开端。她后来很爱听粤语歌，爱那些缠绕不清的歌词和歌词里纠葛重重的缘分。只是她清楚，她和季森潭的缘分，不靠上帝安排，全靠她自己筹谋。

竟也是从那一日起，她才蓦然想明白自己被送进一中的意义：上帝凭空送了她一手好牌，她也不是非得自暴自弃把它们打个稀烂。她看着林如栀和季森潭走在一起的背影，忽然非常想要试试看，去成为一个不一样的徐又又。

她开始摸索着各种学习方法，周末去书店里采购大本的教辅资料，上课的时候做满详细的笔记。她小心翼翼地和季森潭做起了朋友，谨慎地挑选合适的话题和契机来经营这段友情。她凭着借阅卡上的记录，在图书馆里读完了季森潭看过的每一本书，她摩挲着那些封面，揣测着他读完它们的心情。

她原本是两手空空的人，为了喜欢的人和想要的东西，总该付出比旁人更多的努力。

那些努力也不都是白费的，季森潭每一个惊喜的眼神落进她眼底，都像是夜空里猝然炸裂的烟花，映得整个夜幕都明亮起来。徐又又的排名一次比一次好起来，她自己也不知道哪儿来的骁勇，蹲在办公室整日问题，偶尔能和过来送作业的季森潭打个照面，就感觉幸福弥漫全身。

她喜欢的人的名字闪闪发亮地挂在那里，她忍不住不去看。

做题做到凌晨不睡，徐又又高强度的学习作息引发了空前严重的寝室矛盾。屡次三番的道歉没能平息室友的怒火。最后一次争执里，许瑶劈头盖脸地对她讲：

"你为什么就不能安安分分地当你自己呢？你以为季……"

徐又又摔碎的玻璃杯堵住了许瑶没说完的话。她拖着行李箱扭头就走，走到空旷无人的操场上，蹲下身，听凭热泪涌出。

5

她那些年里，其实全然是孤胆英雄。

搬离寝室，独自在校外租了小小单间，开着台灯刷题到深夜，望着深冬月色流淌一地，像开着一朵隐忍的白莲。在学校里被女生非议孤立，变成没有同桌的人，一个人坐在最后一排的窗边，在某个晚自习里抬头，撞见过满眼的瑰丽夕阳。

眼看着她从班里垫底，到成绩渐有起色，再至高三开学，理科前五十和文科前三十被召集去听一场讲座，她走出教室门，远远便看见季森潭的背影。

她搬出寝室其实算是闹了一场很大的风波，被班主任找家长，同学之间议论纷纷，季森潭多少听见了风声。只是那些捕风捉影的消息传到他耳里到底变成了什么形状，徐又又不敢去想。只是她清楚，在那件事之后，季森潭再也没来找过她，手机里的短信再也没有新的特别提示，林如栀看她的眼神写满悲天悯人的宽容——好像她值得被怜悯一样，就因为她非要伸手登高，去摘一颗星星。

于是她低着头，跟在他身后，踩着他的影子，亦步亦趋地走。那一日天气清朗，夕阳的斜晖洒下来，映照出两条交错的细长影子。她是文科第一，季森潭是理科第一。那就是他离她最近的时刻了。

她在心里祈祷过，祈祷那条路不要有尽头。

可她的祈祷，上帝都听不见。

6

高中时代终究有尽头。

高考前，徐又又打包了整整三大箱的资料和书籍，她翻着那些密密麻麻的卷子，想起那些一边失眠一边惦念季森潭的日子。手机正放着李宗盛的《山丘》：

> 无知地索求，羞耻于求救
>
> 不知疲倦地翻越，每一个山丘
>
> 越过山丘，虽然已白了头
>
> 喋喋不休，时不我予的哀愁

季森潭生而耀眼，在一个偶然的瞬间照亮过她黯淡的青春，让她萌生了一些错觉和妄念。她和季森潭，隔着千山万水，但其中的每一道山丘，她都曾努力去翻越过。

她不再是那个在班里终日垫底的女生了，老师们的倚重，同学们的惊诧，各类小道消息把她的故事改编又改编，它们会传得很久远。

可她的初心，不过只是想要翻越无数山丘，去看一场霞光万丈的日落，那里本该站着，她最爱慕的少年。

我也曾为你翻山越岭

大头大头，品学兼优

六州笑

与人生中总会遇到几个叫婷婷的女孩类似，每个班上大约总会有一个绰号叫大头的人。而我高中班上的大头，品学兼优，堪称大神，知识储备与头颅体积堪成正比。

这位大神优点诸多：文，那是大作文小作文阅读理解英语听力全都不在话下；理，那是数理化生样样精通，圆锥曲线机械能守恒原电池反应三羧酸循环个个答题解惑起来滔滔不绝，轻松如探囊取物；貌，浓眉大眼睫毛弯弯嘴唇丰满人有福相，文质彬彬谦逊可爱，进有大神风范，退有卖萌潜质；艺，他端得一副好嗓子，上次班级活动时，一曲英文版《吻别》引得全班掌声雷动；居家，呃，我怀疑他长大以后极有可能升级为家庭煮夫，因为现在的家务事包括照料妹妹全是他一手承包的……

跟这么一个大神做上同桌，可以说是机缘巧合，也可以说是"自作孽不可活"。

高一下学期一开学就是重调座位，我班的座位是绝对的公平分配，前三排滚动轮换，后三排滚动轮换，中间第四排就是风水宝地，而你的成绩决定了你选择座位的先后次序。我比较悲催，好死不死地卡在第十二名的位置，于是前面的聪明人都恰好把第四排给占满了（一排十个人），唯有偶然发挥失常考试失利滑到第十一名的大头孤零零地被挤到了第三排，我想想他的平时成绩，觉得此人在理科方面颇有造诣，而自己尚有欠缺，遂决定坐在了他的旁边。

大头向来以其硕大无比的大脑壳闻名于全班，但除掉这一点，从其他外观上来看，他是一个呆萌率真脑瓜偶尔不灵光的小男生。我想，与此等大神同桌必能响应那句"大神求带飞"的号召，自此学习技能全开、一路飙升、走上人生巅峰，哪晓得后来我才发现自己错得离谱——他虽然的确能教我不少，但他同时也有着深藏不露的话痨潜质。比如说，我问他一道数列题，他可以话痨半个小时以上，并旁征博引各路名豪，还要加上打比方、举例子、排比、反问、设问等等一系列的修辞手法。我只好说这家伙语文作文要是考不好就实在对不起他那个大头壳。事实的确如此，高一下学期开始学写议论文，他的大作文经常拿班里的高分，盖过了我当年的风头，而我只擅长记叙性散文，所以除了暗地里恨得牙痒痒也别无他法。

大头除了有点儿呆以外，还是一个典型的闷骚男。

大头暗恋班上一个女生，绰号叫"静妃"的，大约除了静妃本人，班上人都知道。但大头从来不敢表白。到期中大考了，我们都替他急，因为期中考完以后就要文理分科，静妃学文他学理，从此各奔前程去了岂不更难有着落。大头的另一个朋友小云本着八卦的心思就琢磨着帮他把这事儿给办了，于是，在物理考试的头一天晚自习，她替大头写了封缠缠绵绵的情书，在末尾署上了大头的名字，然后叫同学传给静妃。奈何大头太警觉，信才传到半路就被他给抢了回来。大头气急败坏地把信撕成了碎片，一晚上面部肌肉僵硬，说话颠三倒四。我被吵得一晚上无心复习，结果第二天考试也不在状态。而事后反观大头，在经历了如此"惊心动魄"的晚自习后，第二天考物理仍然考了全班第三，我只能说：人比人，气死人……

反正大头的事就这么黄了，直至分班，大头依旧没有任何表示。后来，我指着大头对玩具熊说："哎呀，我妹这辈子估计都要嫁不出去喽！"

　　但大头再怎么嫁不出去他也还是我的"小妹"，数学题做不好可以找他讨教，议论文写不好可以找他发牢骚，物理题做不好可以冲他发飙……哈哈，讲得过了些，但我庆幸有这么个大神同桌，在高中这段"艰苦"岁月里，我们得以拥有份不一样的快乐，在书山题海中且欢且歌，且行且珍惜。

巧合非巧合

米 程

我的心怦怦怦慌张地跳着，脑海里不断闪回两年里和他相处的一个个片段。想起老姐曾说，以后或许很少有见面的机会。

如果再也没有机会看到他，我是不是会后悔死？

"小敏，我待会儿回来。"我把书包塞给同桌，立刻转身跑向停车场。穿越过拍完照已经散场的同学们，走捷径跑过两个篮球场中间的休息场地，直奔停车场。一个个背影搜寻过去，张泽，张泽……不是，不是……

他是外地生，不过因为高考户籍制度，高二那年转学回来。阳光此刻那么刺眼，我跑向高三教学楼，楼道里只有寥寥无几的学生。推开教室的门，里面空无一人，桌子有些杂乱。黑板依旧是同学们写的五花八门的留言。

"做一条有梦想的咸鱼。"

"我爱高三·14班！"

"高考后要谈恋爱。"

"茂茂（班主任）我们爱你！"

"热火必胜，高考必胜！"

大黑板旁边还悬挂着一个小黑板，留着班主任大笔一挥的草书："周二下午照毕业照，请同学们穿校服。"

这行字下还有一行："周日晚和周一放假，周一回校正常晚修。"

这行字的后面是张泽的专属表情包，一个开心得没心没肺的笑脸。我走近，啊，怎么那么想哭呢！讲台桌上我的绿萝不见了，也许是被谁领养了。当时我刚买来放上去的时候张泽还频频嫌弃它。

每张课桌的右上角还贴着我们各自的名字，仿佛昨天早上我们还在背《游褒禅山记》或者是拿着一本英语书，翻到最后几页死磕背单词。

"做题做得怎样？"

"很烦躁啊！"

"不要烦躁，要开心要开心。"

"有时候刷题刷得开始怀疑人生，自己不知道自己在做什么，是否真的理解了；有时候浮躁得很，偷懒干脆甩笔不做。"

"这样的小情绪的确伴随着整个高三，包括密集的练习和营养的鸡汤。可是，哎，你再也不能像高二那样，一有消极情绪，就花上周末两天看动漫。"

"我知道。"我撇撇嘴，趴了下桌子。突然很奇怪张泽怎么如此清楚。

"去年我待在我姐身边，耳濡目染的。"他笑道。

张泽是我的后桌，偶尔晚自习时各自发发牢骚，讲讲笑话。

一次我风风火火地踏着铃声冲进了教室。我坐在里面靠窗的位置，然而前后两排桌子之间比较窄，容纳我和我硕大的书包进去实在有点勉强，磕磕碰碰。还好张泽特别有眼力见儿，远远看见我来了，忙把桌子往后移动，给我腾出一个空间。

"我们都穿长袖了，文静你不冷啊，还穿着短袖。"我还没坐下他就在我后面笑嘻嘻地吐槽我了。

我沉默不语。放好书包，喘了口气后压低声音说："我踩单车来的。"

后来为了节省宝贵的时间，我的坐骑换成了电动车。每天傍晚都是风驰电掣地赶着去学校，还得时时谨记奶奶的"注意安全"，警惕着周围车辆的风吹草动。一回我正得意地穿过十字路口准备加速直线前进时，突然被后面一声叫喊吓得急抓刹车。难道是心灵感应？我一猜就是张泽。

慢慢地他赶上了我，两车并行，他的鼻子冻得通红，脸上却是乐不可支的笑容。

"哈哈这么巧。"我好像更开心。

"好巧好巧哈哈。"

我们继续朝着这条笔直遥远的路走下去，聊着无关痛痒的话。整座小城都笼罩着明黄的色彩，路边不知什么时候挂了红彤彤的灯，井然有序。那时觉得要是这条宽宽的路通向未来该多好。

在我们的重头戏高考面前，这样天马行空的想法到底只能栖息于密不透风大脑里的一个微不足道的角落。

我们的脚步越来越紧凑，午睡也只控制在二十分钟内。我的英语成绩一直在上升，他的数学成绩也从未跌落120分。雨一直下不停，毕业照拍摄一直搁着。但很快，毕业照拍完了，毕业典礼也结束了。

后来，我在小敏空间的相册里，看见了一张我和他的唯一合影。毕业典礼那天早上，我在座位上握着一个大气球，低着头涂鸦。他就站在后面，比画着一个简单的"耶"，笑靥如花。点击鼠标，另存为我的图片。

我很少进他的空间，高考后暑假一次失眠才偷偷跑进去踩踩。他的说说很少更新，愕然地发现两条没看见过的说说。

"马上就要踏进大学的校门了，感觉更多的是遗憾和不舍。小伙伴们，你们还好吗？第一次这么矫情地说想你们，也许，明天的我们生活得同样漂亮精彩，但是，我依然怀念昨天和你们在一起的时光。我的青春，因为有了你们而帅出了天际。虽然只有短短两年，但我得到的不仅仅是友情。实中给予我的东西不只是教育还有那份拥有你们的记忆。

也许，十年二十年，我会忘记某某同学的名字，也许我会忘记某某同学借给我的那张饭卡，也许我会忘记某某同学在小卖部帮我买过的那条火腿肠那包牛肉干，也许我会忘记某个转角与你'偶遇'的那次心跳……（这里来个这个不介意吧？）但是，我不会忘记与你们在实验中学一起奋斗过的热血岁月。以上，致我和我最亲爱的小伙伴。"

"感觉如今的电视剧都喜欢用'这么巧啊'这句台词，问题不是这个，问题是怎么会真的那么巧啊！"

拿着手机，看了一遍又一遍。想起高三时那个拧巴拘束的自己，老是自卑低着头的自己。还有小心翼翼接近我、使劲儿跟我说话、逗我笑的张泽。

对啊，怎么会那么巧？

饭堂吃饭时他坐在我隔壁桌，下午进教室时撞见他玩篮球，拿着杯子打完热水看见他在走廊玩，清晨搬着凳子出去读书会看见他也出来了，收拾书本时他说顺路帮我搬回宿舍，他要走了我的准考证号说顺便帮我查听说考试的成绩……

他戴着高度近视眼镜，并非很有眼力见儿，只是一直关注着我；小黑板那行字后面添的那个笑脸，是他故意画上去的，记得那天我做数学题做得有些烦躁；那盆绿萝，是他拿回去了，后来无意中听到一个同学提起。

原来，巧合的背后大都是一个人缜密的心思，默默的行动，那时的我怎么能那么蒙？窗户外已是烟雾迷蒙，又一个多云的清晨，据说要下雨了。我想我是太幸运了，青春里能和那么一个男生一起走一段路，他无声无息地喜欢着自己，照顾着自己。我们真的没再见面，但谢谢你，我的唯一男神张泽。

那些年被我欺负过的同桌

庞娇莲

1

《最好的我们》热播时，网上掀起一个话题——你和你同桌做过的最暧昧的事。显然，这个话题勾起了不少人的兴趣：

"全班都以为我们在谈恋爱。"

"而我已经分不清你是友情还是错过的爱情。"

"有次站起来把课桌带翻了，他惊恐地望着我说，不……不过了？"

"暧昧？过线一巴掌。"

我对着手机不自觉地笑，脑海里闪现一张张熟悉而又模糊的面孔。

2

小学四年级，同桌是很调皮的W，我和他的关系不好不坏，他总是趁我认真上课时偷吃我放在抽屉里的零食，被我发现后就嘻嘻笑。有次他把我最喜欢的糖果全部吃光了，气得我用长指甲扎他的手背，他疼得脸上尽是狰狞的表情，但因为是在课堂上，他不作声。后桌的男生看到了，恶作剧地喊："老师，他们两个手拉手！"

手拉手？！我和W立马拉开距离，两个人莫名地都红了脸。那时候的脸红，无关风花雪月，没有小鹿乱撞的心跳，有的只是那个年纪不知所措的尴尬。

3

五年级的同桌是Z，一个说话有些结巴，瘦瘦小小，带点儿痞气的小男生。

我和Z总是因为三八线和值日的问题吵吵闹闹。当然了，他是吵不过我的，屡屡以失败收场。

有个低我们一年级的小男孩儿不知道为什么总喜欢跑到我们班欺负我一下，然后跑开。有一次他又过来推我，Z看不过去了，从他抽屉里拿出一条板凳腿，在桌子上很用力地敲了一下，说："你再欺负她试试！"那个小男孩儿吓得一溜烟儿跑远了。我很惊愕，难以置信地看着Z，他转过头别扭地说："你看……看……我干吗！"我说："你刚才讲话，竟然没有结巴！"然后他把脑袋转回来，眼珠转了一下，摸了一下他的板寸头："有……有吗？"我很坚定地回答："有啊！"然后我们相视大笑。

讲真，那时我觉得他的挺身而出带着一种绅士风度。

4

初中三年，同桌一直是小Y。开学的时候，老师让我们自由选择同桌，然后我和小Y一眼就看中彼此。我选择小Y是因为她皮肤和我一样很黑，坐在一起就不会被衬托得很惨。我们兴趣爱好相同，很快就成了形影不离的好朋友。让人感觉不可思议的是，总有人说我们俩长得很像，连笑容都一模一样，甚至有人怀疑我们是失散多年的姐妹。她脾气乖巧，而我略有些霸道野蛮，很多时候都是我欺负她，而她倒也没抗议过。

外人眼里我们的友谊坚不可摧，然而我们也闹过别扭，也曾面红耳赤地争吵过，哭过，却始终割舍不下对方。有一次吵架，生气的我一句一顿地对她说："我，们，绝，交。"说完后我转身就走，没去看她的表情。后来几次在路上相遇，她看到我的时候都欲言又止，高傲的我总是无视她。我们冷战了一个星期，又和好如初。据她后来描述，她当时把我的话当真，哭得一塌糊涂，以为我们之间的友谊就此玩完了。

高中，我们各奔东西，她总是写信给我说很想念我。我很感激遇到她，是她让我明白了，朋友不一定是和你性格相同的人，友情里性格互补的两个人或许可以相处得更好。

5

L是我高一的同桌，我们是整个班里，唯一一对男女同桌。

L长得比较着急，戴着一副黑框眼镜，乍一看有一种大叔的感觉。要说我们之间最暧昧的事，大概就是他对我的好超出了我的想象。

我喜欢吃棒棒糖，他就买了好多阿尔卑斯，每天给我发一根。有时候他妈妈买了好吃的给他，他都会塞一些给我，有时是超大个的红枣，有时是薄壳的核桃，有时是进口的饼干。有天他托腮看着天花板，说："要是你早点认识我就好了，我可以给你买很多好吃的。以前我爸做生意的，我们家过得不错，就是去年生意开始破败了，过得不如以前。要是以前啊，我真的可以买挺多东西给你吃的。"我不知道他为什么对我那么好，而我几乎没有温柔待过他。

他个性直爽，说话常常不经过大脑，很多次我都气得想用铅笔扎他，有一次没控制好自己的手，真的就在他胳膊扎了一个针眼大的伤口，没流血，但看着也挺瘆人。他瞅了一眼那个小小的伤口，无奈地笑笑。然而我做过最过分的事，就是把他的书包丢在地上踩。高一最后一场考试的前一晚，他开了个略过火的玩笑，我扯过他的书包，扔在地上，狠狠踩了几下。他默默把书包拾起来，拍干净，背起，说："我还是回家复习吧，不在这里影响你复习了。"旁边一个目睹了全程的男生问他是不是怕我，他意味深长地看了我一眼，回答那位男生："我不是怕她，我是尊重她。"

他这一句话，让我对他所有的怨念都烟消云散，甚至很后悔踩了他的书包。

后来，我再也没遇到一个像他那样包容我的男生。

后记：很多旧同桌我已经和他们失去了联系，但是如果有机会，还是想和他们说一句谢谢。

谢谢你们陪我度过那些纯白的时光，谢谢你们教会了我如何分享自己的东西，谢谢你们包容年少任性的我。

少年心事

翁翁不倒

林夕在很久之后才听别人说起有个人曾喜欢她喜欢了好久，她在脑海里搜寻了好久，依旧没能想起那人的容貌。

总的来说，林炜帆貌不惊人，最多属于清秀类型，所以林夕和林炜帆的相识，简直平淡得不能再平淡了，不过是恰好成了前后桌，而林炜帆又恰好是组长，自然和自己的组员要熟悉些。

但是林夕想，这个组长啊，真是……林炜帆总是把林夕和她的同桌搞混了，因此总是对着林夕说："陈微交作业！"然后林夕乐不可支地说："组长我是林夕啊！我同桌，这位小美女，她才是陈微啊！"

林炜帆这时候就不吭声了，林夕从后面看，发现他的耳根都红了。想来是感到太惭愧了。

然而下次还是认错人。有一次把陈微的物理试卷发给了林夕，林夕一看到分数，吓得从椅子上蹦了起来，尖叫声不断，待看清并不是自己的试卷时，整张脸垮了下来："咦，我说我一个物理学渣怎么可能考这么高分！原来是我的学霸同桌的试卷！"然后她戳前面林炜帆的背，"组长你赔我精神损失费！"这时候林炜帆总是看着她支支吾吾半天说不出一句利索的话，脸顺势又红了。

林夕咂咂嘴："组长你好害羞啊！"

林夕至今不能明白自己的物理为什么会差得一塌糊涂，正如她说不出自己的英语和语文何以能如此优秀。

班主任在讲台上表扬了林夕一番，林夕坐在位置上羞涩地微笑，听着周围同学的感叹，心里却是冷笑的，还带了点心酸。

上次也是被科任老师表扬了，课后就有很多同学跑来问林夕学好英语和语文的方法，希望她能给点建议，林夕掏心掏肺说了很多，恨不得把自己的一颗真心捧到对方面前，你看看，我说的都是真的！

可是不久后却有人说她在骗人，说那些来问林夕的人都傻，学霸怎么可能跟你说真话？不然被你超过了她怎么办？

林夕辗转听到这个消息，一时真的很难过，于是暗暗发誓，以后有人来问，就装作骗人的样子，这样大家或许还会说"林夕并不像其他学霸一样表里不一"吧？

林夕坐在位置上，想得入神，直到林炜帆的手在她面前晃了晃。

她看到林炜帆手里抓着英语试卷，一副欲言又止的模样，心中了然。

最近林夕总有种自己被人监视的感觉，怪诡异的。早读课的时候，她趴在桌子上默写单词，又感受到有人在看她，然后她悄悄地装作不经意地四处张望，发现不是别人，正是她的前桌，尊敬的组长大人，林炜帆！

"干吗呢你？"林夕懒洋洋地问。

没想到林炜帆脸又红了："没……没有，我就想看看你是怎么学习英语的，上次请教你，你给我的建议我觉得不好理解，只好认真揣摩你的日常学习了……"

说到这个，林夕想起上次自己很敷衍地回答了林炜帆的问题，的确认真地遵守了自己发的誓，然而……

她看林炜帆一脸认真，还真有点儿过意不去。

林夕招手，对林炜帆小声说："喂！放学别走，我要传授你武功秘籍！"

放学后，等到人都走得差不多了，林夕拍拍前面林炜帆："汉子，坐我同桌的位置吧，比较好说话。"

林炜帆特别别扭地说不要。林夕囧了，好吧不要就算了。

她严肃地问："如果我跟你说我英语好是人品问题，你信不信？"

林炜帆点点头："我信！"

"哦，那我的武功秘籍已经传授完毕！"

"啊？！"林炜帆傻了。

虽然林夕给林炜帆认认真真地分析了一番，但他的英语成绩依旧如初，这个现象用林夕的话说就是："真的是人品问题啊！"想到这里，林夕就觉得骄傲，然而她忘了"术业有专攻"的道理，后来被林炜帆悄无声息地碾压了一番。

就在刚过去的物理竞赛中，林炜帆拿了第二名！物理老师说出这个消息的时候，林夕下巴简直要掉到地上去，为什么！我前面坐了一个物理大神我竟然不知道！然而我还为自己的英语好而沾沾自喜！惭愧啊惭愧！

林夕去看林炜帆的反应，发现他又脸红，林夕无语地想，组长上辈子是番茄出身吧？

林夕物理很渣，却不曾想要好好学习，课上听不懂干脆就不听了，跟别人传小纸条。

上次她让林炜帆给他前桌的女生传张纸条，林炜帆手刚要碰到女生的后背，突然跟条件反射一样缩了回来，改拿起自己的水性笔戳女生的背，然后才把纸条传了。

林夕和同桌在后面看到了全过程，笑得花枝乱颤，这不是工科男生的特质吗？

林夕抖得跟筛子一样去拍林炜帆："组长你好呆萌啊！"

毫无疑问地他脸又红了，从脸部一直蔓延到耳朵，看得林夕土匪特质展现，言语上又戏谑了一番才罢休。

时间转瞬即逝，到了中考填报志愿的时候，林炜帆竟然来问林夕报哪个高中，林夕说还没定，又反问他。

其实林夕觉得林炜帆去读专业技术更好，他的物理那么好，未来发展前途无限，更何况他偏科有点儿严重，高考并不占优势。

但是林炜帆最后还是很固执地报了和林夕一样的学校。

中考前夕，大家都忙着搬课本回家，好死不死地林夕单车轮胎没气了，只好推着车慢吞吞地走回家。

林炜帆在这个时候骑着车出现，他问林夕："需要帮忙吗？"

林夕有点儿惊讶，林炜帆会主动跟她说话还是第一次。

林夕没说话，两个人就静静地走了一段路，后来林夕让林炜帆先走，林炜帆说："好！"麻利地吭哧吭哧骑了车就走，留下一个背影，林夕叹气，组长你注定找不到女朋友啊……然后继续赶路。

林夕的初中生涯就此结束了，后来她听说林炜帆并没有考上一中，离开这个小镇，到外面去了。

很久之后，林夕才听人说起有个人曾默默喜欢她喜欢了好久，她在脑海里搜寻了好久，依旧没能想起那人的容貌。只是依稀记得，他总是脸红，一脸红简直没法交谈，话都说不利索了，林夕很想回到那个时候，问问他，他的脸红和她有没有关系？

记忆博物馆，开在半山上

夕小白

1

美祥好，同音没想好，本义美丽祥和安好。美祥好青年旅社，对我而言，则是一段美好的记忆，一场文艺的旅行和一份感情的邂逅。

2

四月末的时候，大康在微信上和我说："美祥好要搬走了，五一来的时候，可能会有些空旷，怕你到时候看了心里难受，提前和你说一声。"随后附上了一张照片，原本的客厅墙上挂着一张大网，上面夹满了过客们在这里留下的东西：明信片、便利贴、机票、火车票等等甚至还有百元大钞，如今只剩世界地图的墙纸贴在那。

我试探性地问他："那些东西你都摘下来了？"我在墙上挂了一个信封，每一次去，我都会往里面丢一些东西，有信，装戒指的透明小袋，罗克慢递，景点门票。论私心，我其实想要回我的信封。

"新的青旅开在半山上，是一栋别墅，专门留出了一间房间，作为美祥好博物馆，哪怕连一张小小的便利贴，我都不会丢的。"

　　我鼻子一酸，眼眶微红，大康像透过手机看到了一样，安慰我说："别这么伤感嘛，又不是倒闭了，只是换了一个地方。等你和耀爷下次来，请你们吃饭。"

3

　　大康是美祥好青旅的老板，他称我是他家的义工，他讨伐耀爷拐跑了他家的义工。耀爷是我男朋友，按照古代牵线搭桥的人称为红娘，那大康就是我和耀爷的红爹。

　　2015年的端午节，我在美祥好当义工，耀爷恰巧是这里的住客。大康懒得下厨给我做午饭，又怕我饿肚子，在他一筹莫展的时候，耀爷发了一条微信给他：家里还有没有人没吃饭？我在楼下63号小馆。大康立马乐了，冲着我说："快去蹭饭，不用化妆，直接出门。"

　　周杰伦的《能不能给我一首歌的时间》都火了好久，何况一顿饭的时间，我和耀爷越聊越投缘，火花简直没停过。

　　我们俩都是山东人，我在青岛他在烟台，都是吃着海鲜长大，都在南昌读大学还是同一级。我双鱼他巨蟹，网上说速配指数100%，两个月以后我们俩在一起了。

　　大康知道了这个消息，贼乐，每天都在青旅里讲一遍，一个住客拐走了我家义工的故事，导致后来很多人一见我，都恍然大悟地说："哦，原来你就是那个义工。"通常在这样的时候，我都尴尬得脸一红，耀爷在旁边咧着嘴偷笑。

4

　　在美祥好青旅我干过很多疯狂的事，晚上十二点跟着大康和另一个男生出去炸街，骑着那种小型喝汽油的摩托车，在大马路上加足马力一路狂奔。

深夜聊天到两点，那晚一个摄影师一个漂亮妹子一个背包客再加一个我，我们四个守着一盒鸭脖一壶水，聊各自的故事聊到深夜，讲从小到大的故事，讲那些在青春里发生的恋情，讲这些年漂荡的生活，他讲他们的浪迹天涯，我讲我的朝九晚五。

在美祥好里认识了很多人。第一次去的时候，我遇到了夕韵，一个可爱的姑娘，只有一面之缘，像认识了很久很久。还认识了一个毕业旅行的帅气男孩儿，他当时和我还有耀爷玩得很好，可惜没有互留联系方式，就擦身于茫茫人海，以至于现在他也不知道我和耀爷在一起的消息。

我和很多人的告别，都是一句"有缘自会再见，无缘就相忘于江湖吧"，我的江湖渐渐干涸，我多少有些后悔当时决绝的道别。

5

第一次去美祥好当义工的日子，是暖的。那几日来来往往二十多个人，很多人都只留下了影子，早已记不清面庞。

他们待我都很好，早晨有喊我搭伙吃早饭的土家族小伙伴，有送我水果吃的姐姐，有一个在画画的女生，对我说话声音一直轻轻的。每晚客厅里都坐满了人，投影里放着一部接一部的电影，我总是抱着狗躺在沙发上睡着。

最后一日家里只剩十一个人，三个男生，八个女生。最温馨的画面就是三个男人聚在厨房里做饭，女孩儿们都在客厅里玩桌游，剁椒鱼头加上烤鸭再配两个素菜，大家连夸大康手艺好。

6

我和耀爷把美祥好当作在南昌的一个家。一到假期没地方去，就会去美祥好宅几天，青旅里不仅有大康，还有一只博美品种的狗，它叫毛毛。最安逸的时候，我和耀爷坐在客厅看电影，我怀里抱着毛毛，他时不时伸手摸摸毛毛。

和耀爷去过几个城市，每次都会找一个写慢递的地方，写上定位，写下当时的心情，地址就写美祥好，收到的日子一般都是光棍节，每次大康都是边收信边被虐。

7

半山上的别墅我去过两次。第一次是去干苦力，帮大康种花，做一整面的绿植墙。一天下来，原本是花盲的我认识了绿萝、青苹果竹芋、波士顿蕨、吊竹梅……

后来那几百盆绿植全被钉到墙上的效果很好，就像将客厅置于松林中，听大康说毛毛好几次跑着跑着就撞到了墙上。

8

别墅的位置很好，背靠着山，第二次去的时候，我们一行四个人上山去摘覆盆子和挖野菜。覆盆子又叫树莓，小巧饱满红彤彤的果实被树枝包围着，树枝上长着小刺，一不注意就扎得生疼。野菜就是蕨菜，以最易折断的部分往上，食用口感最佳。

山里还有湖泊，大康去钓了几次鱼，打了几次牙祭。

耀爷说，等山里的青旅装修好，找个三天假期去小住，每晚都带着我去跑盘山公路。

9

大康在微信里直播：如何用不到两个月的时间装修一栋三层别墅。

每个房间都被粉刷成了不同的颜色，照片排列在一起像彩虹糖。去山上找一些枯树枝，缠上电线挂上灯泡，很简约的日系风格，却分外文艺有情调。

几个阳台都有各自的分工：烧烤、乘凉、喂蚊子。

10

大康拒绝发美祥好博物馆的照片给我，他坚持让我们自己去推开博物馆的门，发现惊喜。开在半山上的记忆博物馆，会一直被新的记忆填充，它们互相讲着故事，和青山绿水一起保持着新鲜。

归路总向晚

小太爷

　　向晚烫了个大妈卷儿，烫完之后那家老板还跟她说："你年轻，烫啥都年轻。"向晚最开始还真信了，直到她今儿来参加同学聚会——她刚一进门郑元就三步并作两步奔到她面前，指着她脑袋先笑了三分钟。

　　"你要再笑我就不交饭钱了啊。"

　　郑元作为一个尽职尽责的过路财神，立马收住了笑。

　　向晚边签名边接受着郑元热辣辣的嘲笑目光，导致她的名字写得特别难看。

　　郑元郑大公子是向晚同志的高中同桌，风流倜傥，迎风流泪……总的来说就是，虽然长得好看，但是嘴实在是太碎，碎到他的脸已经挽救不了他的形象了。向晚总觉得自己是作了什么孽，才被老师弄来跟他一桌。

　　郑大公子的主要事迹，时至今日还被人津津乐道的是他连续三天被学年通报批评。

　　第一天：剪指甲。

　　第二天：抠手。

　　第三天：剪指甲。

班主任老杨柳眉一竖："郑元儿你手要掉了还是咋的？总抠手？"

郑元站起来懒洋洋地答："老师，您一看就知道这第三天通批的肯定不是我，我指甲第一天都剪完了……"

确实不是他，是坐在他座上剪指甲的向晚。

从此二人"指甲双侠"的名号就在五班传开了。

"向晚子，"郑元端起杯特别认真地问向晚，"本座那把宝刀后来到底被你扔哪儿了？"

向晚一愣，想了想："我好像是……扔橘子皮的时候顺便给扔了。"

郑大公子家里开厂的，准确说是开砖厂的。他就总吹自个儿放假有专车接送，等到向晚一脸羡慕地问他，真的吗？他就"哈哈"一笑：就我爹厂子那拉砖的车，砖车。

那应该是2013年5月，那阵子他们还在上高一。学校组织了排球赛，但是狼多肉少，队伍多场地少。

郑元有一天神秘兮兮地跟班长（注：五班女排总教练，誓要做中国第二个陈忠和）说："班长啊，我明儿去给咱们班占场地吧，我能早起。"

班长一直担心五班这个女排的问题，一听郑元自告奋勇，立马点头应允。

第二天凌晨三点，郑元来到了男寝一楼半。说是一楼半，其实是一扇一楼缓台处的窗户。郑元深吸一口气：不成功，便成仁。为了中国女排，拼了。他眼一闭就蹦了下来。

然后一瘸一拐地蹦到了场地。

那是林区夏日还上晨霜的五月，郑元穿着一件略显单薄的夏季校服，冻得瑟瑟发抖。

127

我也曾为你翻山越岭

但他心中有信念，为了中国女排……

拼了！

向晚是排球队的队员，早上来的时候郑元已经冻了两个多小时了。向晚迎着晨光，一身金黄，走到郑元跟前，扔给他一件秋季校服。

"就知道你没干什么好事……"

"你怎么说……"郑元还没说完呢，向晚一把眼刀就扔了过来。

郑元抱紧校服，捂着脑袋蹲下："小的知错了。"

物理课代表醉醺醺地来敬过第二遍酒，同学聚会进入分伙儿讨论阶段。

郑元还是一脸不正经的表情："向大人大学有没有相中的呀？"

向晚没什么好气儿："你来我们学校玩儿的时候不也见识过我们男生质量了吗？你这不落井下石吗？"

"一定是我这么英俊的小伙子给你惯的，看谁都不顺眼。"

向晚刚要还嘴，郑元就站起来了："来来来，大伙儿举杯啊，化学老师说他来不了了，让我代他敬大家一杯酒啊。咱这同学们一年变化都不小啊，姑娘们越来越好看，小伙子们也越来越精神。就我一个人没什么太大变化，还是那么英俊啊。来来来，为了更加美好的明天，咱们干杯啊！"

向晚看着咋呼的郑元，脸上忽然有了笑意，是那种渐渐浮现的、温和的笑容。

"元儿——元儿——"向晚高一声低一声地叫，"朕的热水呢？"

"陛下——"郑元飞将过来，从怀里掏出一个瓶子，"只有体温温度热蒸气。"

"问斩。"向晚一拍桌子。

"别！"郑元从身后抽出一沓子卷子，"陛下，臣没能打到热水，主要是因为徐丞相那厮的热水壶坏了！臣在查完户部的卷子之后，又去兵部查了您的卷子。”

"表现不错，免一死。既然这么想着朕，那就进宫来伺候朕吧。"向晚奸笑，郑元浑身发毛。

"元儿把那饮料给我递过来。"

"得了陛下。"

毕业照相那天，向晚破天荒地穿了条裙子。她往郑元身边坐的时候，郑元正看刚发的报考书。抬头一瞧："哎哟喂……"

"来照一张，"向晚拿出手机，"我说茄子你说帅。"

"茄子。"

"帅。"

"咱俩怎么一照相就这么狰狞呢？"向晚纳闷儿道，"你瞧。"

"你技术不行，"郑元从座上起来，跟向晚一样坐在了后排的桌子上，"我来给你自拍一个。"

向晚接过郑元的报考书看："你想去哪儿？"

郑元正美颜着。

"啊？"

"想去哪儿？"

郑元笑："我还留在省里啊，我姥爷我爷都在省城呀。"

"噢。"

班长头插两朵娇艳小花，进来吼了一嗓子："同学们咱们后操场集合啊。"

向晚一起身，"刺啦"一声，裙子下摆划个口子。郑元听见声儿，忙问道："咋了？"

"流年不利啊……"向晚仰天长叹。

郑元想了想，从书包里拿出一件秋季校服上衣，抖开了，系在了向晚腰间。"多奇怪啊……"向晚喃喃道。

"我也有。"郑元拿出来一件画了一只猫的校服，给自己围好，笑得阳光灿烂的，"咱俩，指甲双侠，咱以一个组合的形象出现。"

"那件校服你还留着吗？"酒过三巡菜过五味，郑元醉眼迷离地看着向晚，"那猫我画了好久啊。"

"留着，在我家供着呢。"

"我脑袋疼，咱俩出去凉快凉快吧，啊，好不好？"郑元笑嘻嘻地，"向晚你也不够意思啊，我这儿喝的啤酒，你那边拿着矿泉水跟我喝。"

"我酒精过敏你也不是不知道啊，毕业散伙饭的时候你连灌了我一瓶。后来我就心跳过速了。"

郑元笑呵呵："我那不是灌完才知道的嘛……你不也不知道吗……你爹妈出差啊，后来还不是我在你家陪了你一宿。"

向晚深情表白："我真的好想消灭你。"

"你看，哥这次这不是一直帮你挡酒嘛。"

"人家压根没想灌我好吗……"向晚嫌弃地说。

"有的话吧，得喝多了……嗯，喝多了才好说。"

几个女同学跟班长告了假，又转身跟郑元和向晚打招呼："元儿、晚儿我们先撤了啊！百年好合啊！"

郑元微笑："谢谢。"

向晚："你们什么意思啊！小心发配你们去冷宫……"

夏夜的风吹进窗户，带着清新的草木香。郑元给向晚灌了一大壶水，看厨房有几个梨，顺手削了扔进锅里，咕嘟咕嘟煮了一锅雪梨汤。等到汤好了，晾凉了端进屋去，却发现向晚已经睡着了。

"真是对不起啊……"郑元的酒已经醒了大半，嘀嘀咕咕地念叨，"也不知道你这样……我小时候啤酒都当饮料喝……谁知道你这样呢……你可不要出什么事儿啊。"

　　向晚转了个身，郑元拧开台灯，一缕柔软的光投射下来。

　　他拿起向晚的钢笔，拿了张演草纸写：今夕何夕兮，搴舟中流。今日何日兮，得与王子同舟。蒙羞被好兮，不訾诟耻。心几烦而不绝兮，得知王子……

　　他把笔放下，笑了笑，不再写下去。

　　"有的话得喝多了才好说啊……"郑元笑得傻兮兮的。

　　"停——"向晚做了个手势，"你可别绕了。"

　　"嗯？"

　　"你几月份生日？"向晚问道。

　　"年前刚过完。"

　　"那好，我们都是成年人了。"向晚斩钉截铁，"我我我我我喜欢你你喜欢我吗？"

　　郑元望着她，笑笑。

　　打个酒嗝。

我也曾为你翻山越岭

未完的单恋

卓 马

今天的阳光正好。今天也正好是我喜欢你的一年又一天。全新的一天。一想到这里我就忍不住将目光转移到有你的地方。真巧，阳光正好透过窗户懒洋洋地洒在你的身上和桌子上。你嘴里咬着黑笔的笔盖，认真地听着令人发闷的历史课。看吧，我们有着相同的爱好，都喜欢咬笔盖。

我至今还很清楚地记得第一次遇见你的情景。

那是在高一报名时，我走在去班级的路上，而你正好迎面走来。穿着白色T恤的你从我身边经过。

阳光穿过树枝斑驳地照射下来，照射在你的四周。我紧张得忘记了呼吸，视线一直追随你的身影，直至消失不见。那一刻我才发现原来自己的心在不知不觉中跳得那么快。是不是觉得有点儿可笑与荒唐？可这就是现实。

你长得并不算帅，也不温柔，甚至有点儿高冷，可我还是不可自拔地喜欢上了你。

我长得也不好看，甚至还有点儿胖，于是你便成了我减肥的动力，因为我只想把自己最好的一面呈现在你的面前，仅此而已。

可是你知道吗？减肥并不是像说的那样简单。好几次在半夜饿到胃一直在疼我也不愿起床去吃一点儿东西；好几次跑步跑到腿抽筋时我都是在一遍又一遍地鼓励自己；好几次嘴馋时我就会不断暗骂自己……每次想要放弃时，你的身影便会浮现在我的脑海，然后我就会咬紧牙关，不断地替自己加油。

我是学渣，而你是学霸，为此注定了每天我都会集中注意力去听课，独立去完成作业。每晚熬夜狂刷题，上课困到不行时就会狠狠地掐自己的大腿。放假时不再一整天只会玩手机，而是有时间便拿起书（我中考的时候都没这么努力过）。考试考不好时就会躲在被窝里哭到入睡，第二天依旧充满正能量地去学校。每次遇到不会做的题目时我就会不辞万里地跑过几组来到你的身边问你问题。

我就这样傻傻地坚持了一年，我瘦了，成绩也从最后一名成为班里的中上游。

你知道吗？我这么努力都是为了能让自己有资格站在你的身边，而不是以一种仰望的姿势去看你。我心甘情愿为了你而去蜕变，即使这过程痛苦万分。

我总喜欢坐在你的前面，然后转过身来看你认真解题的样子；我喜欢你用你那带有磁性的声音来一步一步教我如何解题；我喜欢和你待在一起的时间，虽然不长，但我总觉得那段时间里就连空气中都弥漫着一股甜甜的味道。

当你笑起来时，即使只是简单的嘴角上扬，眼睛里也会流露出浓浓的笑意。在你笑起的那一刻，我便能感觉到一阵清风拂面而来。

干净，简单。

从这段回忆里脱身而出，正要收回一直凝聚在你身上的目光时，你突然转过头来看了我一下，然后淡淡的笑意浮现在了你的脸上。

这种感觉真好。

谢谢你能让我遇见你，谢谢你陪伴过我的一部分青春，即使以后各奔东西，杳无音信。但你还是我青春里唯一鲜活过的少年。

喂，别叫我天才

苏 恻

一

三年前，他因为一场全国知识竞赛获得保送重点高中资格，传为一时佳话。三年后他又因为发表了一篇与星系和宇宙有关的五万字论文免试入C大。M城的小老百姓纷纷把这个"别人家的孩子"作为自己教育小孩的正面教材。

他就是做了我六年同桌的林祁。

他是别人口中的天才。可当我向那群把他看作男神的女生们骄傲地介绍"林祁是我的天才同桌"时，他才会皱皱眉头，一字一句地纠正我："喂，别叫我天才。"

二

林祁刚到A中的时候，还只是一个身高不到一米七的瘦弱男孩子，身为他的同桌，我每天都要微微低头才能看着他的眼睛和他说话。初中的女生正值发育期，身体像一朵粉色的玫瑰正在慢慢舒展它柔嫩的花瓣，一切都显得那么美好。可林祁，就像是树林中干瘪的树叶，最小码的校服就可以将他完全包裹起来。他不爱说话，不爱与人交流，每天除了睡觉就是在看各种画着星星的书，顺便在稿纸上写一些我没见过的公式和图形。我一直以为我会和这个沉默寡言的小男生安安静静地做三年的同桌，然后毕业以后各奔东西再不联系。

但事实并不是这样。

三

用班主任的话说，她希望用我的开朗热情来感染林祁，让他融入班集体。于是我就每天笑得跟朵花儿似的在林祁面前叽叽喳喳说一些废话。比如"林祁你说我叫你什么好？咱们是同桌叫大名太生疏啦"。再比如"林祁我觉得你应该说说话，这样生活多没意思啊"。林祁从来没回应过我。只有每当我趴在桌子上有气无力地说"林祁我好饿啊"的时候，他才会把视线从书上移开，从书包里拿出一个金黄色的面包丢过来。我甚至怀疑他的书包是不是有安装自动生产面包的机器，因为无论何时，只要我说饿了，总有一个金黄色的面包从天而降来拯救我的胃。就这样，我做我的班长带领我们班走向更美好的未来，林祁依旧宅在他的小世界里，不紧不慢。

初二，我俩继续做同桌。在我的感染之下，林祁总算从一声不吭变为偶尔哼哼两句。尽管也只是简单地回应我嗯哦好的，但班主任知道后还是大肆表扬了我一番，并鼓励我继续努力争取做得更好，我在她面前攥着小拳头以表示改造林祁的决心。

于是，在初二的一节晚自习课上，我和林祁逃课了。

起初林祁是不愿带我去的，我告诉他，你带我去我就帮你打掩护。林祁正在写字的手顿了顿，头也不抬地说了句好。于是好学生对老师说了她入学以来的第一个谎话。

林祁走得很慢，在昏暗的灯光里抬着头，似乎是在寻找什么，我跟在他后面，始终保持一步的距离。

我问："我们到底要去干吗？"

他说："看星星。"

我说："星星有什么好看的啊，每天都有。"

他说："你们好学生就是这样。不看可以回去。"

于是我就不说话了。

林祁找了个草地躺下，直直望着天空。我顺着他的目光往天上看，看了许久也没看出什么稀奇的东西来。林祁的声音在这时突然响起，喂，你知道星星是怎么形成的吗？

啊？我怎么会知道，考试又不考。

于是他就自顾自地说起来了，从星星的形成到消亡，这些知识就像一颗颗豆子，从他嘴里跳进我的耳朵里，然后住进我的心里。

回去的时候我对他说："其实你挺聪明的，如果努力的话应该是个天才。"

他只回头看了看我，强调道："喂，我不是天才。这时他走在光影里，影子拉得很长。我突然发现一年以来他好像长高不少也黑了不少，身体不再像开学时那么弱不禁风，也有了力量的味道。当时的我并不知道在我面前这个普通的男生，以后会成为那么多人所钦慕的对象，也不知道会有那么多人对他说，嘿，你真是个天才。"

四

日子没有因为这个晚上而止步不前，我秉着帮助同学造福自己的精神在课余时间里恶补了很多关于星系和宇宙的知识，于是总算能在我和他之间创造出一种叫作对话的场景了。我仍然饿了吃他的面包，渴了打发他去楼下小卖部买水，他虽然一副极不情愿的表情，可还是放下手中的书噔噔噔地跑下楼替他的同桌干点体力活。

然而除了关于星系方面的探讨，他也没和我说过其他的废话。除了那一次。

我已经忘了在什么时候从网上看到全国知识竞赛的宣传，于是我鬼使神差地没经过他的同意就替他报了名。随后在某节数学课上，林祁收到了主办方的短信，在得知是我所为之后，他沉默好久才从牙齿里挤出一句话：你管得太多了。

当时我正在低头做数学题，听到这句话后平常叽叽喳喳的我却不知道如何回应。于是我从稿纸上撕下一角，想了好久才写上一句话：你有能力站得更高，做自己喜欢的事。

从这件事之后，我们就再也没有说过一句话。

林祁又恢复了以前的沉默，像是之前的事情都不曾发生过一样，只有当我肚子发出令人尴尬的叫声时，金黄色的面包才会不知道在什么时候又出现在桌子上。竞赛的日子一天天临近，我看他依旧在看那些奇奇怪怪的书，只不过看的时间似乎比以往长了许多。我在心里嘀咕：他应该是不打算参加了吧？

于是我又开始绞尽脑汁想要和他重修同桌的革命友谊，但是又碍于女生面子不好先开口，于是想啊想啊总算碰到了他生日的那天。我买了一个简易的蛋糕，上面插上几根蜡烛，在晚自习的时候让全班同学站起来围着他唱生日歌。烛光里，他的脸不再那么棱角分明了。

我还小小期待了一下林祁会不会因为他有个这么友爱的同桌而对我态度好一点，但期待还只是期待。转眼期考将至，我每天都在准备复习，无暇顾及林祁在做些什么。只是在考试前一天，我收拾书包准备起身时，他拉住我的书包带子，淡淡地说了一句，我进决赛了。

我一下子不知道他在说什么，直到他走出教室我才缓过神来。

后来林祁因为这个比赛得了第一名直接保送A高中，几乎是在一夜之间他的名字被学校里的每一个人熟知。我坐在他旁边吃面包，含糊不清地问，欸，你都保送了还来上学干吗。他说："没有啊。我还是打算要参加中考。"

我差点没被他的这一句话呛死："A高中你以为你随便考考就能进啊？你是天才啊这是你应该得到的。"

他扶了扶鼻梁上的眼镜，一字一句地，就像那天晚上一样强调："喂，我再说一次，我不是天才。不是你告诉我的吗，你有能力站得更高，做自己喜欢的事。不想让自己踩在云端一不小心就会粉身碎骨。"

我愣在那里，这是他三年来和我说过最长的一句话。

未递出去的，给 K 的七封信

　　K 同学，这三年里，我循着你的脚步，追逐着你的背影，因为你变得勇敢，因为你变得自信，因为你变得优秀，你一直是我眼中最耀眼的存在，我却也不再是当初那个卑微的自己。只是，你从始至终不认识我，而我，从始至终没有说出那句我喜欢你。

　　从始至终，我们都没有可能在一起。

未递出去的，给K的七封信

未淼

1

K同学：

今天是明媚的晴天，不会很热，有微凉的风吹过，你穿着和所有男生一样的校服，上衣是白色的短袖衬衫，搭配一条黑色的校裤，可是你又是不一样的。

今天是周一，你在国旗下讲话，你的声音很好听，像大提琴低沉悦耳的琴声，是我无论听多少次都不会腻的声音。

你说，没有人有权利辜负这尚好的青春，所以每个人都应该努力，无论能不能得到自己想要的结果。

你就站在主席台上，一如我每次看见你时的云淡风轻、眉目疏朗，嘴角扬起不大的弧度。你真的很帅啊，尤其是在穿白色衣服的时候，翩翩少年，谦谦君子。

现在想想我还是觉得自己很幸运，在第一天走进这个陌生的校园时遇见了你。那天的阳光就和今天一样灿烂，温暖而不刺眼，你戴着代表志愿者的小红帽，帮我把沉重的行李从车上卸下，再一言不发地分成两趟帮我把一件件行李搬到三楼的宿舍门口。我向你道谢，你回答"不用客气"，声音低沉得好听，语气礼貌而疏离。然后你转身离去，留给我一个修长的白色背影。

不知道是从什么时候开始你成了我眼中不可忽视的存在，当我意识到的时候，我已经可以轻易地在人群中看到你穿着白色校服的身影，已经可以轻易地在冗杂的信息中找到和你有关的事情。每次你的成功总能让我比自己成功还开心，总能让我觉得骄傲，这种感觉和情绪很陌生，是青涩却又微甜的味道。

2014年9月21日

2

K同学：

今天傍晚的时候被同学拉去跑步，路过篮球场看到你了。

你穿着黑色的球衣，和你的几个同班同学在球场上挥汗如雨。这个时候突然格外感谢自己5.1的视力呢。原来你会在这个时间点打球啊，那我决定了，好好锻炼，身体是革命的本钱哈哈哈！

虽然已经说过很多遍了，但我还是不得不说，K同学，你打球的样子很是帅气啊！看着你轻轻松松地接过队友传来的球，后退一步到三分线外，我忍不住就慢下了跑步的速度，你站在三分线外，眼睛望着篮筐的方向，轻轻一跃，篮球脱手，在空中划过一道完美的弧线，准准地落入篮筐中。

一个队友走过来拍了拍你的肩膀，你的嘴角上扬，是含蓄而又青春洋溢的微笑。

K同学，为什么我总是能发现你许许多多的技能呢？为什么你这么厉害呢？表白墙上隔三岔五就有人跟你表白，你学习又好，体育又棒，每一次我都觉得我和你之间隔着几万光年都无法到达的距离。

不过我还是会一步一步地去努力。

独木舟说，不是所有的事情都可以如愿以偿，但所有的事情都值得一试。我只希望可以追赶上你的脚步，站在离你不远的地方，以足够优秀的模样。

　　喜欢真的是一种催人奋进的力量呢。

2015年1月16日

3

K同学：

　　现在我是在家里写的这篇随笔。

　　就在昨天下午，万恶的期末考试终于结束了，成绩发过来的时候我真的超级开心的，总算是拿到了一个比较满意的分数，那么下个学期的奖学金就有希望了。因为我知道你肯定是有奖学金的，所以我也想努力一下，和你站在同一个领奖台上。

　　当然最重要的是，我证明了我这后半学期的时光没有虚度，而这后半学期的认真可以让我离你再近一点点。

　　我奋斗的动力，是和你之间的距离，是对你所在的地方的向往。

　　我知道念念不忘不一定就有回响，但轻易放弃绝对没有收获，你说是不是？

　　唔，感觉自己晚上会激动得失眠啊！

2015年7月20日

4

K同学：

　　高考成绩出来了，学校的光荣榜也马不停蹄地换了新模样，你的名字赫然出现在第三的位置，录取学校开头是"北京"两个字。

　　K同学，这场名为高考的战役你打得很漂亮，你高三一年的认真是值得的，如你所愿的结果告诉了每个人这句话，我真的很高兴，当我站在光荣榜前，从别人口中听到对你的赞美和仰慕的时候。我真的很高兴，因为你终于去了你想去的地方。

当然，我现在也是高三的学生了，好像压力瞬间就大了不少，不过我还是可以承受的，因为从高一初进入这个学校开始，从我喜欢上你的时候开始，我的高中时光就是在压力下度过的。毕竟，你那么优秀。

所以我是很坚强的，我高中生涯的目标就是赶上你的步伐，无论多么困难。现在的你远在首都，是对目前的我而言遥不可及的距离，但是，那又怎样。

就像我写在桌上的一样，天道酬勤。

2016年7月24日

5

K同学：

高三的生活是枯燥乏味的，是一板一眼的，刚开始的时候我觉得很疲倦很烦躁，但却还是渐渐习惯了这样三点一线的日子。

高三的生活，除了自己对自己的要求，最让我觉得累的，是家长和老师的关心和期待。我似乎隐隐约约明白了当初已经足够优秀和认真的你为什么会那样。

不仅仅是为所谓梦想，更为自己身上所背负的期望。

高三以来班级里的气氛每天都很严肃和压抑，好像大家都恨不得把一天掰成一周来过，我也真的很紧张，明年的那两天考试，虽然不会决定我的未来，但它却能决定大学四年，我能不能在你所在的地方。

那个地方有你，而且，那个地方是我一直的憧憬。

K同学，你现在在做什么呢，我好像很久很久没有看见过你了，不过我会加油的。其实细细数来，也不过是剩下两百来天的时光，希望这些日子里，我能有不一样的改变。

我很期待这一场蜕变。

2016年11月18日

青春隔着人山人海

K同学：

结束了！结束了！终于结束了！

真的只有经历过才知道高考的结束是多么令人开心。每个人脸上都有如释重负的表情，无论考试的过程是否让自己满意。

不只是学生，老师们的表情也变得轻松，连平日里最严肃的教导主任嘴角都微微上扬起弧度。

K同学，今天我才知道，原来真的有那种书本考卷漫天飞的画面，我们在教学楼的天台唱着不知名的歌曲，向着远方招手，和身边的好朋友拥抱，仿佛是一场盛大宴会的落幕，但也确实，是在向自己的三年青春告别。

我不知道会考得怎么样，但我尽力了。

不管我最终能不能考上你所在的学校，至少这张名为青春的答卷，我想我能得到一个不会让我遗憾的分数。

144

晚上宿舍夜谈的时候，舍友对我的执念感到不解，也对我从未曾尝试去和你表白甚至是认识你而无语，我只是笑笑，没有说什么。

这是为什么呢，我也曾自己问过自己这个问题，我知道一开始是没有勇气，因为你的出色和我的卑微。后来，我有了可以站在你面前的底气，但我却依旧没有迈出这一步，而是仍然不停地追逐着。我想，可能我在那个时候潜意识里就已经知道，无论我再怎么努力变得优秀，我们都不会在一起。

这是一种莫名的直觉，说出来的话，一定会被她们笑的，所以我才不会让她们知道。

2017年6月8日

7

K同学：

今天是校友回校的日子，我比你早到了一小会儿，从校长办公室出来的时候看到你了，不仅仅是你，还有站在你身边的她，有很长很顺的黑发，穿着简单的白T搭牛仔裤，和你很相配。

我看着你和她走进校长办公室，突然之间模糊了眼睛，办公室的门在我面前关上，就好像隔开了我和过去的自己的距离。

然后我去了操场，想起了三年前看你打球看到忘了跑步的自己；走到社团活动室门口，想起了三年前因为你在当志愿者就废寝忘食准备、挤破头也要进去的自己；顺着两旁种着凤凰花的校道，我去了校光荣榜前，我的名字被写在第三个，和前一年高考的你的名次一样的地方，我想起了这三年早出晚归、拼命学习的自己；最后我去到了校门口，看着在阳光下闪亮的校名，想起了第一天走进这个校园时看到的戴着志愿者小红帽的你，和懵懵懂懂就喜欢上你的自己。

K同学，这三年里，我循着你的脚步，追逐着你的背影，因为你变得勇敢，因为你变得自信，因为你变得优秀，你一直是我眼中最耀眼的存在，我却也不再是当初那个卑微的自己。只是，你从始至终不认识我，而我，从始至终没有说出那句我喜欢你。

从始至终，我们都没有可能在一起。

其实我早就明白，最重要的从来都不是我能不能和你在一起，最重要的是我没有辜负我的青春，现在想起也没有后悔。可能我对你不单单是喜欢，你更像一颗指引我的星，遥远地闪着亮光，我向往的是你的方向，更是你的亮度和高度。

所以，K同学，谢谢你，在我的青春里，遇见如此美好的你。

即使我们不会在一起。

我生命里最重要的一天

145

未递出去的，给X的七封信

收到你的信那天阳光明媚

衔 猫

回到上海那天，我身上还穿着牛仔外套。

我回到宿舍把行李箱所有东西倒了出来。洗了个澡。一个宿管阿姨敲门进来看到了满地的狼藉，她扫了我一眼，关门离开。

我无暇顾及，背起书包赶去兼职。经过门卫室我翻了一下信箱，把写有我名字的那些信封塞进书包。阳光照耀在我身上，我开始奔跑起来，因为我快要迟到了。我的信也在我的书包里奔跑起来，它们也迟到了吗?

早在暑假，就有一个姑娘说要给我寄信。坚持而执拗。但当时我东跑西跑，居无定所，只好让她等等。她说好的我等等，等等再等等。兼职的时候我一直在想着书包里的信，就像，一个喜欢网购的人说不定只是迷恋拆快递。而快递和信的区别在于，前者你知道里面装的是什么，后者你不知道，尤其当它来自一个素未谋面的人。兼职完后我又得赶去上课，但我还是停下来买了杯奶茶。明晃晃的阳光让我皮肤发烫。我选了一个很靠后的座位，然后从书包取出信。

这个叫共工的姑娘给我写了一沓信。一个硕大的信封，里面还有一个信封。我忍不住笑起来。

从七月到九月，她似乎随时随地提笔给我写信，用的是很普通的没有任何修饰的条纹纸，但她的字很漂亮。她在信里写她在厦门堆满落叶的街头卖土笋冻的阿嬷，被没收的手机，讨厌的课程，新买的口红，不定时发作的胃痛，最近听的歌，看的书等一切事情。每封信开头都是同样的两个字：日安。这让我想到《七月与安生》里，出走的安生寄回来的每封明信片最后都是同样的四个字：问候家明。

同时，她在好多封信里反复提到酷这件事情。

在奶咖店喝几杯冷饮拍拍屁股回家挨骂一点也不酷。

我觉得桌游比桌球更加酷。

满大街上只有我一个人穿着校裤，这才叫酷。

……

她从我的文章分析我的喜好并从中找出彼此的共同特征，她甚至对我小说里的虚构人物产生了疑惑："老实来说，这有点颠覆我对阿宝的一贯印象。"我感动得想哭。

我能说什么呢？

我经常用阿宝这个名字，其实是因为我懒得去想新的名字了啊。

开始有点明白为什么这个年代明明有100种快捷的通信软件，却还是有人选择一种这么麻烦且笨拙的方式。只有天真的人才会写信。漂洋过海的纸张里蕴含着一种非常羞涩、非常脆弱、非常温柔的东西。而且里面不会有表情包来压榨你的流量。

147

还有一个高三的姑娘，用两页漂亮的信纸写了一封长长的信。她在信的开头写："爱上你已经是很早以前的事咯，那时的你应该还没有像现在这样被很多很多的人喜欢着吧。感觉你就是属于我的。"以及可能我们每个人都有过的那种可爱的占有欲："自己的偶像被越来越多的人喜欢还蛮不是滋味的，占有欲太强了，不过我依旧祝福你。你的征途是星辰和大海，你永远都是自由的。"

哦姑娘我该怎么告诉你，我跟很早以前没什么两样，也真的并没有很多很多人喜欢着我。但凡写字这件事还能让我感到快乐，我就会一直写下去。不是非得要很多很多人喜欢我。我也有过一些非常需要别人肯定的时刻，但终究那不是我的目的。

关于书信，有一本很有名的书，《查令十字街84号》。我看完《北京遇上西雅图2》后当晚回到房间酒店就让小强帮我在网上买了这本书。两个通信了二十多年的人，而直到弗兰克辞世他们都没见过一面。最后一封信是汉芙写给前往伦敦度假的朋友的。

英国是汉芙小姐魂牵梦萦的地方。文学就像暗涌的夕阳，任何一座城市经其浸染都会变得格外迷人。我当初非要来上海，我哥说，你急什么，等你毕业有大把机会去上海玩。

我说："不，我就要现在去。"

我知道自己，也许永远都不会想要来上海……玩。

你有没有试过因为太渴望抵达一个地方太想得到一样东西而感到心力交瘁呢？

我压根不喜欢旅行。我知道自己去哪里都一个鬼样子。只要有二十四小时便利店。只要能买到酸奶和三明治。当我说憧憬一个城市，我是想要在那里生活一阵子。我想在那里有一个房间，可以做自己想做的事情，而不是赶路拍照回忆过往云烟，直到我厌倦。

大多数信我都没有回。很可能是，我一封也没回。五月份的时候寄出一些明信片。可能我很累，可能我无话可说，可能我已经失去了这一部分浪漫。

我写过一叠从没寄出的信。你猜怎么着。是写给我老爸的。我怎么可能寄出去。

实际上，交流本身就是一件始终带有荒谬意味的事情。我总是对一些不可能的事情怀着撕心裂肺的愤怒和伤感。你看，我爸都七十岁了，我居然还想跟他讨论同性恋。我有够疯的。我十六岁的时候，还因为鬼节应不应该烧纸这种问题跟他吵架吵到哭对他吼摔房门。是我活该。

我睡得太少，梦得太多。

当我牵着他的手陪他去看医生，当我戴着手套替他染头发，当我坐在家里看电影等待打麻将晚归的他，当我安静下来，看到一个老年人落寞的躯壳，我惊觉于自己的残忍，曾为一个迟暮英雄没有在猛烈挣扎中毁灭而感到失望。

哦我要走了。我不能老这样。我要去做那些未完成的事情。我大概要走得更远些。累了就睡觉。不能再把自己的睡眠搅得乱七八糟的。

下次我再给你写信的时候，我希望只是因为我想你了，而不是我想死了。

不知道是不是每个收信的日子都会遇到有这么好的阳光，亲爱的汉芙小姐。

阳光终将会治愈我，对吗。

在一月的夹缝里，想念你

旻 夕

遇到亓亚那年是初一。我们一群在海边长大的孩子凑到一起，声音里都裹挟着海风的呼呼声，直到亓亚转学到了我们班上。她从远离海边的山里来，浑身带着葡萄的清香。看到她第一眼的时候，我就和同桌说："我一定会和她成为好朋友，最好的那种。"

果不其然，两个月后，全班都知道亓亚和盛暖是最好的朋友。

那时候我作文写得不错，但对文字没有像现在这么炙热地热爱。亓亚不同，她那些带着灵气的句子，总是一长段一长段地铺满日志的空白处。还没有文艺青年这个词儿的时候，亓亚就走在了文艺的前线。

"我们以后每周都给对方写一封信吧。"亓亚一提议，我就答应了。班里的很多同学都不理解，你们两个明明连上厕所都手拉手一起去，还有什么事是对方不知道的呢。乐此不疲的我们，每周都郑重地交给对方一封叠得四四方方的信。

我第一次表露尹向海长得帅的心情就是在信里，亓亚那时候反复地追问了我几遍："你是不是喜欢他？"。

"喜欢谈不上，就是觉得帅而已。"亓亚那时候已经和尹向海在一起了，但她并没有告诉我，无论是平时闲聊还是在信里。

不管怎么换座位，我总坐在亓亚的前面。有一天数学课我低头捡橡皮的时候，透过两张木桌子的缝隙，我看到了亓亚和尹向海牵在一起的手。

信后来被我爸妈翻出来看了个遍，一气之下我把所有的信都给撕了，也断了和亓亚互换信的习惯。

我总记得那些信叠得厚厚的，但是只要在脑海里一打开，便只剩一张白纸，内容想不起来，甚至连我给她的称呼都想不起来了。年华是无效信，大概说的就是这个意思。

爸妈给我铺好了轨道，我必须被匡正在条条框框里生活。而亓亚的爸妈经商，她偶尔有整夜自己在家的时候，听她讲她和弟弟捧着冰激凌边往嘴里塞，边躲避她妈追赶的时候，我总是从内心深处升起一种羡慕。

我做的最勇敢的一件事情，就是有天早晨和爸妈说我要离家出走，晚上就和亓亚回了她们家。打电话回家说了一声，便如同解放一样和亓亚在她屋子里撒了欢。

前几日，在宿舍里看《七月与安生》看到泪奔的时候，室友并不理解我的泪点在哪里。因为两个要好的女孩子，有机会彻夜长谈在多年后想起来依旧会感动。

和亓亚并肩躺在床上，散开的头发像葡萄藤一样缠绕，平日里聊烂的话题，从班级到朋友再到感情，所有的话题都像刚长出来一样新鲜有趣。十二点过后，我们才沉沉地睡去。

决裂是亓亚说的，导火线是我点燃的，但在那之前火药是一点点堆积起来的。美好有多么美好，决绝就有多么决绝，我很难舍弃亓亚这个人，她代表了我青春时代的所有美好。因为她，我懂得了该如何去对另一个女孩儿好，也因为她，我从未动过舍弃文字的念头。

我和她都把头昂得高高的，转身说走就走，谁也不回头。毕业季，因为生病和成绩，我在初中多待了一年。亓亚考去了九中，我们这里第二好的高中。那我只能拼了命地考一中，考去最好的中学。

出成绩的那天中午，收到了一条陌生号码的短信，明明已经一年多没有联系，但我一眼就认出了那是亓亚的号码。如我所愿，我去了一中。

一来一往的短信就像扔进水里的石子，泛完波澜就像未曾联系一样，我们继续彼此缄默着，决裂的那道冰面只剩薄薄的一层，但没有人主动迈出那一步。

亓亚就像梗在我心头的一根刺。自认为走过来的每一步都坦坦荡荡，但只要有人问我是否有后悔的事，我就会想起她。

她大学选择了一路南下去长沙，并非刻意，又像宿命，我紧随其后去了南昌。

元旦，临时决定要去一趟长沙，忘记怎么戳进她的QQ头像，再回过神来，她热情地邀请我无处居住的话，可以睡她寝室，同一张床。

临离开长沙的前一夜，我们一起吃饭。她带了室友，过马路时，她主动挽起我的胳膊，另一只手拉着她的室友。亓亚和盛暖是最好的朋友，在那一刻，这句话在我心里土崩瓦解了。那顿饭很开心，就像我们俩平稳维持了多年的闺蜜感情一样，什么都没有发生过。

坐在回程的火车上，我看着窗外，几次压抑住想要流泪的感觉。我又重新与她见面，却再也没有后悔的事了。

两个人之间的绳子一旦断了，不及时将断头打结，任由它随风吹日晒地垂着，过不了几年，即便有了想再连起来的心，一扯绳头，也早被侵蚀得支离破碎。

在一月的夹缝里，我想起你，想起这些年标志性的节点。但我推开门走出一月的瞬间，凛冽的风把裹挟在夹缝里的过往吹得荡然无存，我扯扯衣领，继续缄默地往前走着。

远 方 的 心

三倾荟

不论写什么东西，开头第一句话总是很重要的吧。

那么，感情呢？感情的开头，也一样重要吗？

我觉得不是的。就像一本书看到了最后，可能就忘记了开头写了什么。生活如同河流一般缓缓向前的时候，很多人出现，很多人消失，连起承转合都没有，像是有人在河边时不时地打水漂，来来往往的人就像小石子，时间一长，水面被激起的涟漪也变淡。

我和liling的感情就是这样的。一起相处的记忆中，空白的地方有很多，哪怕我很努力地想要揪出一个称得上是感情的起点的片段，最后还是得放弃。

我们之间，实在是一段开始得莫名其妙，甚至违背了两个人本意的感情啊。

我挺擅长记人的，尤其是在高中这样人数有限的小范围里，待的时间长了，哪怕没几个真的打过招呼，也会觉得身边晃来晃去的全是熟悉的脸。而liling长得，实在是太容易被记住了。短发，镜片看起来很厚，脸上棱角分明。

高一上的时候，我初中舍友和她同宿舍，晚自习结束后我经常晃去她们宿舍找初中舍友聊天。打过几次照面，觉得她面相不善，直觉上判断为不好相处的人。

有次我和同学在小操场上晃着秋千，liling从我们面前走过，和一起晃秋千的同学打了招呼。我问，是认识的人吗？这个女孩子我不是很喜欢。

后来相熟之后，和liling说起这一段，她说她对我的第一印象也不好，只好感慨真是世事难料，这样的两个人，最后竟然也可以成为朋友。

高一下的时候分文理科，我和liling一起进了20班。但是她的座位靠后，平常我们也没有什么需要说话的机会，哪怕同个宿舍，也一直是疏离的同学关系。

后来我们开始一起吃饭。我们是，我、诗妍、liling。三个人一起吃饭的理由也纯属巧合，简直称得上是失意者联盟。女孩子嘛，本来就喜欢抱团生活。那段时间，我们仨的抱团生活非常巧合地在同一时间段遭遇瓶颈期。先是诗妍和YL吵架，跑去和liling、Making一起吃饭。没过几天liling和Making也吵架了。变成诗妍和liling两人，再没几天，我和D也吵架了，默默地加入了队伍。

就这么，一起吃了两年半的饭呢。

我和liling，和直觉相符，是两个差异很大的人。从性格到喜欢做的事情甚至吃饭的习惯，都大相径庭。liling有轻微的洁癖，衣服会规规矩矩地码好，桌子上东西虽然多，但大部分时间都是整洁干净的。她还绝对不吃别人嘴巴碰过的东西，每次吃什么东西，三个人点不同口味的话，她的口味我俩基本没机会尝，但是她都能够获得品尝我俩手中食物第一口的优先权。

还记得在评价彼此的时候，她说过我是一个坚持认为自己做的事情是正确、不会去听从别人意见的人。我是有这样的毛病，但是仔细想想，这一点上，我们俩倒是很相像的，都会坚持一些自己定的规则或者小习惯，某种程度来说，我觉得她要比我更固执一些。也许只是她的规则多了一些，又比较不同了一些。比如吃饭的选择。

校门口一条街上，许多家快餐店，如果让我选择的话，除了那些人满为患又没有排队秩序的店，我愿意从第一家尝试到最后一家，轮着来。而liling，是固定地只去几家店。

很多时候，明确说出自己不要什么的人，才更容易达到目的。所以哪怕好多次在饭店选择这件事上起争执，我们还是每天都去吃同一家店。

三个人的感情，比起三角，可能更像是一条串着三颗珠子的线，诗妍是中间那一颗珠子。

上高二之后，三个人一起商量着搬出去校外住，我爹不同意，后来她俩搬出去一起住。每天中午一起吃完饭后，我要么就是跟着她俩回她们寝室睡午觉，和诗妍睡同一张床，要么自己晃回宿舍。

一起住，感情自然会更好一点儿。

哪怕自诩看不起我和诗妍这种常常少女心爆棚时不时想矫情的小女孩心思的liling，在大段大段的闲暇时间里，她们俩也是一起讲过许多话的吧。

那些她们聊着天度过的长夜。那些我不知道的故事。

不过也还好，虽然有时候会有一点儿介意，倒也不会非常嫉妒。即便都是女孩子之间的友情，但浓度大抵还是有差别的。

liling也坦诚地说过，是朋友就好了，为什么一定得是好朋友呢，成为好朋友的话，就是羁绊了啊。生活不需要那么多羁绊。刚刚听她这么说的时候，还是觉得难过的。

像是自己在心的周围悄悄画了一个圈子，早就盘算好了是哪些人，以为彼此之间是心知肚明地偏袒。可是有个人说，这样很累吧，我就不进去了。

也开始尝试着以她的方式去对待她，时间冲刷之后，好像一切都理所应当。

也是理所应当地一点点变得亲密，虽然时间长了些，心里意识到这点也慢了些。

所有的感情都需要磨合，而因为相似度太低，又朝夕相处，我和liling磨合的时间要比其他人长得多。是有过很多别扭的，我和liling之间。

高一下那会儿，刚刚一起吃饭，我经常因为二熊（我喜欢的作家）的事情生liling的气。

作为一名死忠粉，会忍不住想要和身边的人分享喜欢的心情的嘛。

记得有天晚上，是因为看到二熊发了微博尖叫还是怎样，liling问我，你这么喜欢她，值得吗？ 还有一次是在饭桌上，她问我为什么喜欢二熊的小说，她说她平常无聊的话会找顾漫的小说来看，白甜文比较容易消磨时间。我很努力地想说明二熊的小说和顾漫的小说不是同一个类型，二熊写的不是言情文，用尽力气说服不了她之后就赌气。

刚刚翻了那一次吵架后我给她的空间留言——

"可能因为慢慢磨合中变得亲密 许多时候我们都变得口不择言 可是其实有些话里带着的刺自己说出去都不能发现 而听的人耿耿于怀。

"我知道我对你应该也做过类似的事情 当然我有时也会对你的某些话耿耿于怀。

"不过以后不能为吃饭和小说起口角了。

"因为我们还有两年啊 要吃那么多顿饭要说那么多话吵架请留给以后。"

现在看来，觉得那个时候好幼稚啊。自己当时觉得自己是以尽可能客观的角度，可是话里面，满满地都是对对方的责怪。好在后来，这些隔阂真的被慢慢弥合。

高二的周末，我去厦门参加二熊的签售会，她们俩在车站送我，后来看见liling在微博上写，"闺密远赴厦门去见最喜欢的作家了，为她开心"。

闺密。如果那时心里还有芥蒂，应该也会被这个词温柔地抹去，就这样，没有任何顾虑地，自然而然地成为亲密的朋友吧。

后来的我们一起度过了很多很多的日夜，大都和吃有关。

每日两餐以及周末各处寻觅饭店吃大餐，然后一起逛街看电影，再一起回她们宿舍躺着侃大山，或者是一起在KFC摊开作业然后开始聊一整晚的天。学校附近的街道，被踩了个遍，留下了许多笑声。

大都是三个人，也有就我和liling两个人独处的时候。一起去吃麻辣烫，走很远的路回学校，聊那还很遥远的野心。琐碎而日常。莫名其妙地，就这样成为有了羁绊的朋友。

上了大学之后，各自溺于日常，会有疏忽联系的时候。liling较我们都更为慢热，脑回路也很怪。我和诗妍都在北京，一起吃饭的时候聊liling，会聊起以前闹过的笑话，也会担心，一个人在厦门的liling日子过得怎么样。

会不会和舍友相处不好。

会不会说的笑话没人懂。

会不会再遇不到包容她不够好的脾气和慢性子的朋友。

……

而她，仍旧每天跟我们说些有趣或者想吐槽的日常，偶尔翻出以前我写给她的明信片小卡片，兴致勃勃地拍给我看，说这是你去年今日写给我的欸，也会在写给我的信上写"希望远方的城市也有人像我们一样珍视你"，惹得我哭到把信封都打湿。

五一的时候我回家，去厦大找她玩。她带我去学校周边她喜欢吃的鸡排店，去夜市逛吃逛吃，然后买了杯超大的果汁一起去看电影。果汁超大杯，插了两根吸管。上了大学之后，她不愿意和人分享食物的坏习惯好像也改了。

过了一年，她的短发蓄长又剪短。

我们好像当了很久的朋友，从哪怕每天一起吃饭也不想要成为羁绊般的好朋友，到最后，举械投降。任凭时日中生出的亲密漫过两个人中的边界。

写这篇文章，是因为时值她的生日，想对她说，在远方的城市里，希望有人如我们般珍视你呀。而相互关心和喜欢，距离再远，心也会努力靠近的。

青春隔着人山人海

双人寻

1

几天前，我终于买到了你演唱会的门票。

你没有穿华丽夸张的服饰，没有绚丽夺目的灯光，甚至连活跃气氛的开场白都没有，只是抱着一把原木吉他，在偌大的舞台上自弹自唱。

好像再多的大风大浪也冲不走你原来的样子，你还是当初的那个少年，在孤单的世界里与音乐为伴。

追光灯打在你身上的那一刻，我和上万观众一起对着你大喊："我爱你！"

只有淹没在人群里，我才敢理直气壮地对你说这三个字。

2

白衬衫和帆布鞋的搭配早已不再流行，但我还是和当年一样，穿着简单的白衬衫，天冷了就在外面加件针织外套。你笑我死板，不懂得与时俱进，我猜你早就忘了吧，我们第一次见面时的场景。

那天我刚转到你们班来，碰巧你们在上体育课，我发现班上空无一人后，就背着书包去体育场报到。老师为了让我能够自我介绍，把已经自由活动的你们又重新召集在一起。

那时正是下午两点——太阳最毒的时候，谁也不愿意顶着骄阳听一场沉闷乏味的自我介绍，所以当我介绍完毕，老师喊"鼓掌"的时候，队伍中鸦雀无声。

突然，你跳起来喊了句"欢迎新同学！"打破了尴尬的安静。

你的衬衫在阳光下白得晃眼，温软的信风抚过你漆黑的发丝、清秀的眉眼。那一刻，我好像闻到了淡淡的青草气息。

那天放学后，我鬼使神差地逛完了小镇上所有的服装店，终于找到一件和你同款的白衬衫，舒适的面料，木质纽扣上面勾勒着精巧的花纹。

我取下衬衫去柜台付钱时，突然觉得不妥，脸颊一热，赶紧把衬衫放回原处，匆忙买下了旁边一件款式相近的衬衫。

3

有一次我翘掉晚自习和朋友去撸串，结果第二天就犯了胃病，疼得下不了床。我让室友帮我请假之后，就闷在被子里睡得天昏地暗。

至今我还是不知道你是怎么逃过宿管阿姨的法眼，溜进女生宿舍的。我听到阳台上传来"乒乒乓乓"的奇怪声响，就撑着昏昏沉沉的脑袋坐了起来。

"还能起来，看来病得不重啊！"

我一起身，就听见你的声音在耳畔响起，语气里带着阴阳怪气的嗔怪。

"下次再敢逃出去撸串，我就打死你！"

说着，你就屈起食指在我脑门上弹了一下。你看起来很用劲，其实是在虚张声势，落在我脑门儿上的力道很轻，我却故意夸张地捂住额头装出一副很疼的样子。

"被你弹傻了，赔钱！"

我需要吃药，寝室里却没有热水。你一言不发地夺走了我手里的杯子，"咚咚咚"地从五楼跑到一楼，再穿过长长的跑道，到对面的教学楼为我打热水。

我趴在阳台上，看着你抱着水杯朝教学楼奋力奔跑的样子。我曾无数次看过你奔跑的样子，看你替我倒垃圾时拎着垃圾袋在雨中奔跑，看你运动会时握着接力棒在阳光下奔跑……只有这一次，我看出了眼泪。

4

那个年纪的男女关系是个高度敏感的问题，只要同学们在某对男生女生身上嗅到一丝八卦的气息，谣言就会像沸腾的气泡，"咕嘟咕嘟"地往外冒。我们自然也不能幸免于此。

"犹嘉在和阿寻谈恋爱！"

谣言编织成网，将我们牢牢罩住。

我虽生气，但从未想解释什么，毕竟和喜欢的人传绯闻，也是一件幸福的事。

而你却好像格外生气，以至于有一次你的哥们儿调侃道："你是不是喜欢阿寻啊？"

你愤怒地把桌子一拍，摆在上面的书随之颤动："我和她只是朋友而已！"

从此以后关于我们的谣言的确不再四起，你达到了你的目的，我却不想再理你。

我曾经还抱有也许你也是喜欢我的想法，而你的所作所为，彻底否定了我的假想。与其说是生你的气，倒不如说是生我自己的气。

对于我无缘无故的赌气，你完全摸不着头脑，你每天上课时写纸条问我"你怎么了",做操时转过身来问我"你怎么了",放学后跟在身后问我"你怎么了"……

我每次要不就是说没怎么,要不就保持沉默。

"你到底要怎样!"

两个月之后,你好像已经到达了忍耐的极限,抓狂地朝我吼了一句。

"我想你从我眼前消失!"

我说的都是气话,你却真的走了。我在原地停下脚步看着你朝着反方向走去的背影,期待你能回头。要是你回头,我就不生气了。

可是你没有。

那之后,你便彻彻底底地从我的世界里消失了。你第一次那么听我的话,我却怎么样也高兴不起来。

5

你因为文化课成绩太烂,被爸妈安排到外地学习音乐。我知道音乐一直是你的梦想,而聪明的你之所以不愿好好学习,也不过是想以这种方式与家里抗争,为自己争取实现梦想的机会。

那天,你原本是想来和我道别的,我却叫你从我眼前消失,结果我们不欢而散。

更让我内疚的是,许久以后,你的哥们儿告诉我,你那天急着澄清我们的关系,是因为你担心我会因为在意谣言而刻意疏远你。

当你的哥们儿一字一句地将事实展露在我面前时,我真不知道是该哭还是该笑。

多年之后,你顺利地从音乐学校毕业,签了公司,出了专辑,并且一炮走红,总是跑到全国各地开演唱会。在为你的成功感到高兴的同时,我也在暗暗叹息你离我越来越遥远。

6

你回到家乡举办签售会的那天，我早早地赶到会场，却还是排到了大马路上。我望着远在几千人之外的你，悲伤地发现，原来我们之间早已隔着人山人海，再也不是从前一个转身就能拥抱的距离。

会场内传来粉丝的阵阵尖叫声。

我突然想起了我们的高中时代，你经常在午休时偷偷溜进班里看球赛，为你的偶像梅西欢呼尖叫；而我则在一旁看韩剧，时不时因为揪心的剧情流泪。

你一边嫌弃我扫兴，一边塞给我一大包纸。

今年，许久不看韩剧的我又拿着手机刷起了《举重妖精金福珠》，身边却再没有你为我递纸。

就在昨晚，我梦到你了，梦里的你和我重新坐回了高中的教室里。你的衬衫上依旧带着淡淡的青草香味；我依旧在数学课上偷偷摸摸地看韩剧，偷偷摸摸地掉眼泪。

"喂，别哭了。"

你递给我一张纸，却依然止不住我的眼泪。

"要不，我让你问一个问题吧！"

为了让我不再哭，最讨厌回答问题的你允许我问你一个问题。

"你喜欢梅西吗？"

我看见你的嘴角渐渐扬起一抹灿烂的笑。

月亮说它忘记了

亦青舒

直到高考过去很久之后，我依旧保持着在无数个深夜里推开窗看月亮的习惯。它总是沉默地隐藏在深浓的夜色或者是模糊的云彩里，像极了一个缄口不言的老人。

而每当我试图伸手向它索要那些旧时回忆的下落时，总是会遭到静默的拒绝。

——那些月华和星光，那个少年隐没在黄昏里的最后轮廓，那些深夜里热气袅袅的雀巢咖啡和凌乱草稿，以及掩盖在手心里的滚烫热泪。

可是月亮说，它都忘记了。

那我能记住什么呢？能记住你告别我时的神情，能记住你低头离开的方向，能记住你教会我关于成长的所有道理。

第一次见到你的那一年，我十六岁，是考砸后以末尾数侥幸进A班的文艺女青年，敏感脆弱，喜怒无常。老师的座位表阴差阳错地把我们安排成同桌。我拎着书包走过去，看见你一脸冷漠地坐在外面，没有分毫认识新同桌的热情。

"我要坐外面。"我生硬地对你提要求。

"老师就是这么安排的。"于是得到了更生硬的拒绝。

接下来的三天里我一直在模糊不清的板书里挣扎：看不清公式，

也算不对题。全班大半的人已经报出了答案，我还在愣愣地看黑板，越急越错。第四天的物理课，我被以严苛闻名的老师点名站起来报答案。

我满脸通红地站在那里，垂着头，能感觉到时间分秒流逝，越发难堪。眼泪蓄满眼眶，仿佛随时会落下。

你轻轻地把一张白色的草稿纸推过来，上面流畅地写着解题步骤和答案。

那次下课之后你什么也没说，站起来就搬桌子，脸上表情还是很冷，像千年不化的天山冰雪，"你发什么愣啊？赶紧换，换完了我还得去打球。"

末了换完座位，你被窗外的男生催得很急，抄起篮球跑到门口，又忽然刹住车，扭头对我说："近视就早点儿配眼镜，那么要面子干脆别考大学算了。"

你从来不会讲好听的话，哪怕后来我们成为很好的朋友，也是相互抬扛永不低头的那种。

我发的矫情状态你永远不看，偶尔在下面评论里翻个白眼。你永远理性、自控、直截了当，有目标就向前，有问题就直面；而我永远怯懦、多虑、情绪化，能花一个晚自习看伤春悲秋的小说，然后泪眼婆娑地问你要纸巾，讨得嫌弃白眼。

你努力想教会我很多，试图让我明白一个化学方程式如何达到巧妙平衡，一道物理选择如何求得最优解，以及那些运动的圆锥曲线如何分段表达。而我总是漫不经心地应付你，也应付着我自己，整日整日地做着潜逃突围奔向文科的白日梦。习题册被风翻到空白页，心虚地抬手去遮，被你骂很久。

你对我的那点关心，随着时间的推移，明显得如同一个三角洲的堆积和沉淀。周围的人渐渐察觉，我被闺密三番两次地提醒，可流言四起之前，我站在台风的中心毫无知觉，只顾着享受台风眼的风平浪静。

我享受你对我的好，仿佛它们天生就被上帝赐予我那样。

高二快要结束那天，班里一群人聚众去唱K，谁也没料到你最好的哥们儿喝醉了酒吐露八卦，说你喜欢的人是我。

一直抵赖的事情被落实的那一刻，我终于无法忍受众人戏谑的眼神，径直走向你——人群瞬间空开一个大圈，犹如摩西分开红海。我站在你面前说："对不起，我有喜欢的人了。"

流言四起的时候我没能握住你的手，我选择的那条路是丢下你独自离开。

你隐没在暮色的背影很瘦削，你脸上的表情有道别的讯息。我茫然地盯住自己的白色球鞋，想起你借我的那张周杰伦的专辑还没来得及还给你。

后来有很多人问我，为什么要那样做，为什么不接受你。我总是笑着顾左右而言他，仿佛已经记不起那天散场的宴席。

如果说你真的教会过我什么的话，也许并不是如何五秒内配平一个化学方程式，也不是如何求得物理最优解，更不会是如何分段表达运动圆锥曲线。

你教会我的是如何去辨别他人真正的冷漠与善良，如何用真心去换取另一颗真心。顺带着我还无师自通地学会了另一件事，那就是如何在冷漠的外表之下，去做真正善良的事情。

高二结束的那个夏天，我选了文科，随着爸爸工作的调动去了一个离你很远的城市，生活和你再未有交集。我知道纵有弱水替沧海，亦不愿面对年少感情的支离破碎，情愿它保持赤诚天真，我知道你也是这样的人。

只是那张专辑，我一直没有还给你。

我记得你借我专辑的那晚，刚下过一场夜雨，校园里浮散着植物的清澈香气。天上有零碎的星，还有被云彩遮住一半的月华，你的脸被温柔的夜色笼罩，露出柔软天真的孩子气。

你好奇地问我为什么喜欢周杰伦。

我笑着抬眼看你，说："就是喜欢啊。"

只是月亮说它忘记了。

哆啦 A 梦伴我同行

依 林

前天的我，仿佛回到了记忆最初的原点，荧幕上播放的一帧帧画面，突然有种似曾相识的感觉，那种气息将我的思绪带入过去的青葱岁月。

十三岁那年我第一次接触了哆啦A梦，当画面上的蓝胖子从百宝袋拿出任意门、竹蜻蜓、记忆面包等一系列道具时，本能的惊喜让我欢声雀跃，即使是胖虎欺负手无寸铁的大雄，我也会嘲笑胖虎的笨拙。然后在晚上幻想着，哆啦A梦来到了我身边，帮助我在考试时取得优秀成绩，或是到处旅行，飞到更广阔的天空，让父母找不到我。

只是幻想永远是幻想，哆啦A梦永远是大雄最忠实的伙伴。

从1980年《大雄的恐龙》到2015年《哆啦A梦伴我同行》，它走过了三十多年的春夏秋冬，走过了80后和90后两代人的童年记忆，它的意义不仅是动画片，而是信仰。而如今的我，甚至认为那个蓝胖子只是适合小孩子观看的，开始迷上了新番日漫，攒够零花钱去商店买最新的动漫贴图。仿佛我与哆啦A梦的距离越来越远了，这是我始终不愿承认的事实。

你还记得吗？大雄每次被胖虎欺负后都会向哆啦A梦诉苦，而哆啦A梦则默默地坐在地板上，耐心地听大雄讲述他的不幸。大雄依旧每天挨打，但他从不认输，只靠自己一个人，靠渺小的力量最终赢得了胖虎，只为了哆啦A梦能够安心地回去。

你还记得吗？哆啦A梦极力想促成大雄与静香的婚姻，可是明明大雄喜欢着静香，却想放弃静香，因为他想让静香获得真正的幸福。真诚地祝愿他人的幸福，惋惜他人的不幸，这才是大雄身上最优秀的品质。

"如果哆啦A梦不在了，那么一切都没有意义了。"《哆啦A梦伴我同行》里面很经典的一句台词。

是啊，这个世界往往逼得我们不得不经历一次次离别，无论是多么日久天长的伙伴，冥冥之中也必将失去。那些难以忘却的，还是痛苦不堪的记忆，早就被雨水洗去了。也许你曾试图挽回，但是终究有些片段再也没有出现过，这就是我们不可否认的人生，也是成长旅途中小小的驿站。

哆啦A梦的记忆或许变了质，已不再是我们童年所向往的那般美好，在成长后的现实里泯灭了空白，它来自我们年少时候对未来的幻想，一种发自骨子里面的幼稚。

直到今天我也认为哆啦A梦只是我年少时候一个美丽的梦境。因为梦想，我忘却了太多的回忆，也周而复始地得到了新的记忆。

但是我还是会记起在我童年时期，有一个可爱而又充满智慧的哆啦A梦。他覆盖住我整个童年的飞扬与忧伤。即使回忆起来，我也会释然地微笑。

如果哆啦A梦的梦境还能重新再来一回，我想对它说声谢谢，谢谢你，伴我同行！